विश्व रिकॉर्ड धारक
अंतरराष्ट्रीय साहित्यिक मंच
KB Writers
की प्रस्तुति

साझा काव्य संग्रह

आचार्या नीरू शर्मा, कुमार सतीश,
चन्दन केशरी

www.kbwriters.com

KB Writers

बाबुबाँक, झाझा, जिला - जमुई (बिहार) 811308

website :- www.kbwriters.com

email :- kbwritersofficial@gmail.com

Call :- 8873000900

चन्दन केशरी
संस्थापक एवं संपादक

कुन्दन केशरी
अध्यक्ष एवं संचालक

आचार्या नीरू शर्मा
संपादिका

कुमार सतीश
संपादक

हमारी विशेषताएँ

- विश्व रिकॉर्ड धारक साहित्यिक मंच
- 47 से अधिक देशों से हमारे पाठक
- 10 से अधिक देशों से हमारे रचनाकार
- जुलाई 2020 से निरंतर कार्यरत
- विभिन्न पुस्तकें प्रकाशित

प्रकाशन वर्ष :- 2024

प्रस्तावना

प्रिय साथियों,

के० बी० राइटर्स अंतरराष्ट्रीय साहित्यिक मंच की पुस्तक "मौसम है बहारों का" आप सभी के सम्मुख प्रस्तुत है। इस पुस्तक में कुल 67 रचनाकारों की 156 रचनाएँ सम्मिलित हैं। इस संग्रह के संपादक आचार्या नीरू शर्मा, कुमार सतीश व चन्दन केशरी हैं।

इस पुस्तक में संकलित रचनाएँ समृद्ध, सुंदर और प्रेरणादायक हैं। पुस्तक में प्रकाशित सभी रचनाएँ प्रेम, प्रकृति, जीवन, समाज, धर्म, राष्ट्र आदि विविध विषयों पर लिखी गई हैं। सभी रचनाएँ अलग-अलग विषयों पर लिखी जाने के कारण यह पुस्तक आपको अवश्य पसंद आएगी।

"मौसम है बहारों का" संग्रह एक ऐसी पुस्तक है जो हर उम्र के पाठकों को अपनी ओर आकर्षित करती है। इस पुस्तक में विभिन्न प्रकार की भावनाओं का समावेश है।

हमें आशा है कि आप सभी इस पुस्तक को भी वैसा ही प्यार और आशीर्वाद प्रदान करेंगे जैसा हमारी अन्य पुस्तकों, त्रैमासिक पत्रिका एवं विशेषांकों को देते आए हैं। आपके बहुमूल्य व महत्वपूर्ण सुझावों एवं समीक्षाओं की हमें सर्वदा प्रतीक्षा रहेगी।

धन्यवाद

सम्पादकीय

कलम ने चलकर हौले से, शब्दों को महक़ाया है।
शब्दों ने मुस्कान बिखेरकर कहा, मौसम बहारों का आया है।।

हार्दिक अभिनंदन सम्माननीय सुधीजनों!

हिन्दी भाषा व साहित्य के पथ पर निरंतर बढ़ते हुए और नए कीर्तिमान बनाते हुए आपका सर्वाधिक प्रिय विश्व रिकार्ड धारक अंतरराष्ट्रीय साहित्यिक मंच "के० बी० राइटर्स" बहुल विषय-केंद्रित व त्रैमासिक ई-पत्रिका जागृति के संग 35 पुस्तकों का सफल प्रकाशन करके 36वीं पुस्तक "मौसम है बहारों का" आप सभी के समक्ष रखते हुए आह्लादित महसूस कर रहा है।

विद्वजनों, ज्यों हर मौसम लेकर आता है नया ख़ुमार, त्यों हमारी नई पुस्तक "मौसम है बहारों का" लेकर आई है महक़ती हुई रचनाओं का संसार। इसमें प्रत्येक रचनाकार ने अपने श्रेष्ठ सृजन द्वारा न केवल पुस्तक की शोभा बढ़ाई है अपितु अपनी बेहतरीन सृजनात्मकता का परिचय भी दिया है।

प्रिय प्रबुद्धजनों, मैं के० बी० राइटर्स की टीम सहित सभी सुधी, सम्मानित व श्रेष्ठ रचनाकारों को उनके उत्तम कृतित्व के लिए अंतर्मन से धन्यवाद करती हूँ तथा उनके सफल, स्वस्थ व मानवीय सद्गुणों से महक़ते हुए जीवन की कामना करती हूँ।

प्रिय स्नेहीजनों, हमें पूर्ण विश्वास है कि आप हमारी अन्य पुस्तकों की भांति इस नवीन पुस्तक को भी अपना स्नेह व आशीर्वाद प्रदान करेंगे।

धन्यवाद

- आचार्या नीरू शर्मा

सम्पादिका

सम्पादकीय

सुधी पाठकों,

सस्नेह नमस्कार,

आप सबके सहयोग से प्रस्तुत है विश्व रिकॉर्ड धारक अन्तरराष्ट्रीय साहित्यिक मंच के० बी० राइटर्स की नई पुस्तक "मौसम है बहारों का"। हमें के० बी० राइटर्स समूह की यह 36वीं पुस्तक "मौसम है बहारों का" आपके हाथों में सौंपते हुए अत्यधिक प्रसन्नता का अनुभव हो रहा है।

इस पुस्तक को कुल 67 रचनाकारों ने अपने हृदयतल की अनुभूतियों की कुल 156 श्रेष्ठ रचनाओं से संजोया है, जिनमें उन्होंने जीवन के भिन्न-भिन्न पहलुओं को संवेदित करने का प्रयास किया है। प्रत्येक रचना सोदेश्यपूर्ण है। कविकर्म के उद्देश्य और उनके विचारों को ही आप तक पहुँचाने का प्रयास यह मंच कर रहा है। आशा है आपके अन्तर्मन को छूने में यह पुस्तक सफल होगी। आप सुधी पाठकों के प्रेम के बिना यह कार्य असंभव था।

इस पुस्तक को तैयार करने में विभिन्न प्रबुद्ध व्यक्तियों का साथ हमेशा बना रहा जिनकी अनवरत कड़ी मेहनत से यह पुस्तक आप तक पहुँच रही है विशेष रूप से तकनीकी टीम। मैं आप सभी का हृदय से आभार व्यक्त करता हूँ।

आपके अनमोल सुझावों और विचारों का सदैव स्वागत रहेगा जिनकी ऊर्जा से हमें निरंतर उत्साहपूर्वक कार्य करते रहने की प्रेरणा मिलती है।

पुनः आप सबका हार्दिक आभार।

धन्यवाद

- कुमार सतीश

सम्पादक

सम्पादकीय

साथ मिला जब श्रेष्ठ पाठक, और रचनाकारों का।
तब जाकर बनी पुस्तक, मौसम है बहारों का।।

प्रिय पाठकों,

35 पुस्तकों, त्रैमासिक पत्रिका एवं विभिन्न विशेषांकों के पश्चात आपका अपना विश्व रिकॉर्ड धारक अंतरराष्ट्रीय साहित्यिक मंच 'के० बी० राइटर्स' आज बड़े ही हर्ष के साथ अपनी यह 36वीं पुस्तक 'मौसम है बहारों का' के साथ उपस्थित है।

यह साझा काव्य संग्रह है जिसमें 67 रचनाकारों के हृदय के भाव आपके हृदय तक पहुँचकर आपको एक नई साहित्यिक यात्रा का अनुभव कराएँगे।

यह पुस्तक विभिन्न विषयों पर आधारित रचनारूपी पुष्पों का गुलदस्ता है जो आप सभी पाठकों तक अपनी सुगंध पहुँचाने को व्याकुल थी, किन्तु अब यह व्याकुलता शांत हो चुकी है क्योंकि अब यह आपके हाथों में है और आपके चेहरे की चमक बता रही है कि इसकी सुगंध आपको अपनी ओर आकर्षित कर रही है।

आप सभी पाठकों के स्नेह, सहयोग एवं आशीष के परिणामस्वरूप हमारा के० बी० राइटर्स एक छोटे से मंच से विश्व रिकॉर्ड धारक अंतरराष्ट्रीय साहित्यिक मंच बन चुका है, जिसका पूरा श्रेय आप सभी पाठकों को जाता है।

आशा है कि आप इस पुस्तक को अपनी पसंदीदा पुस्तकों में शामिल करेंगे।

धन्यवाद

- चन्दन केशरी

सम्पादक

आभार

प्रिय साथियों,

किसी भी पुस्तक का प्रकाशन एवं सफलता बिना सबके सहयोग के संभव नहीं है। के० बी० राइटर्स अंतरराष्ट्रीय साहित्यिक मंच उन सभी विद्वान एवं कुशल रचनाकारों के प्रति हृदयतल से आभार व्यक्त करता है जिन्होंने अपने अनुपम एवं हृत्प्रिय रचनाओं से इस साझा काव्य संग्रह "मौसम है बहारों का" को दैदीप्यमान कर दिया।

हमारा मंच उन सभी सहयोगियों के प्रति भी अंतस से आभार व्यक्त करता है, जिन्होंने प्रत्यक्ष या परोक्ष रूप में इस साझा काव्य संग्रह के प्रकाशन में अपना अप्रतिम सहयोग प्रदान किया।

हमारा मंच उन सभी पाठकों का भी आभारी है जिन्होंने इस संग्रह का अवलोकन कर इसे हृदयस्थ कर आशीर्वाद दिया।

आगे भी हमारा मंच आप सबके सहयोग से एक से बढ़कर एक उत्कृष्ट काव्य / कहानी संग्रहों का प्रकाशन कर हिन्दी साहित्य के उत्थान में अपना शुचि योगदान प्रदान करता रहेगा।

पुनः आभार सभी का।

- कुन्दन केशरी

(अध्यक्ष एवं मंच संचालक)

के० बी० राइटर्स अंतरराष्ट्रीय साहित्यिक मंच

विषय सूची

आइए!
शुरु करते हैं...

जय हिंदी

हिंदी का पथ चल कर देखो,
हिन्दी पर अभिमान हमें है।

जब कबीर ने अलख जगाई,
जब दिनकर ने कलम चलाई।
रस की खान बही अति सुंदर,
जय शंकर ने धूम मचाई।

सूरदास की अरदासों का,
सारे जग ने लोहा माना।
तुलसी की भक्ति गाथा का,
अबतक कोई जोड़ न आना।

प्रेम चंद की लेखन शैली,
रचे निराले भाव निराला।
पन्त महादेवी के स्तर,
कौन यहाँ पर छूने वाला।

वीर सैनिकों की गाथा को,
वीर रसों में घोल गये।
आजादी में जोश भर गये,
जय सुभाष की बोल गए।

राणा के भाला सम गरजे,
कवियों के बन शब्द अँगार।
कभी प्यार के ढाई आखर,
गाते रहे विरह श्रृंगार।

गीत गजल मुक्तक और नज्में,
छंद सोरठा चौपाई है।

डॉ० कुमार वर्मा
(पता :- बाराबंकी, उत्तर प्रदेश)

हरदम साथ खड़ी रहती है,
हिंदी मेरी परछाई है।

हिंदी का पथ चलकर देखो,
हिंदी पर अभिमान हमें है।

राष्ट्रकवि दिनकर

डॉ० कुमार वर्मा
(पता :- बाराबंकी, उत्तर प्रदेश)

कर्तव्य बोध का दिया ज्ञान,
इतिहास रचा कविता रच कर।
लेखन जिनका हो गया अमर,
शत नमन नमन कविवर दिनकर।

जनता के अन्याय देख कर,
एक कलम जो आग बन गई।
हर भूखे-नङ्गों की खातिर,
हर वंचित का भाग बन गई।

जोशीले नारे जो तीर बने,
जो नारे आग उगलते थे।
आजादी अलख जगाई थी,
एक कलम से दुश्मन डरते थे।

वह आजादी के नायक थे,
बापू से भक्ति अनन्य रही।
बन जयप्रकाश के अनुयायी,
एक कलम हमेशा धन्य रही।

जब-जब रोटी छिनते देखी,
तो शब्द वाण बन के गरजे।
हुँकार भरी जब कलम चली,
तो कड़क दामिनी सम गरजे।

सिंहासन को खाली कर दो,
अब जनता राज चलाएगी।
इस चापलूस के नवयुग में,
क्या कलम कोई लिख पाएगी?

'क्षमा शोभती उस भुजंग की
जिस के पास गरल हो।'
ऐसे सृजन नहीं मिलते अब,
जिन का भाव प्रबल हो।

उत्तर में उगा एक दिनकर,
दक्षिण में जाकर अस्त हुआ।
बुझ गई उगलती अग्निज्वाल,
कुल देश गमों से ग्रस्त हुआ।

जबतक हैं सूर्य चन्द्र नभ में,
हे राष्ट्रकवि! है नाम अमर।
इतिहास अमर कर डाला है,
शत नमन तुम्हें मेरा दिनकर।

गीत कोई गाइये (नज़्म)

डॉ० कुमार वर्मा
(पता :- बाराबंकी,
उत्तर प्रदेश)

जिंदगी की उलझनों को और मत उलझाइए।
अनुभवों का लाभ लेकर प्रेम से सुलझाइए।।1।।

चार पग आगे बढ़ो तो एक चौराहा मिलेगा,
धैर्य से यह बोल देना मत हमें भरमाइए।।2।।

हास्य से बेहतर दवाई क्या बनी है एक भी,
गीत कोई एक खुशी का सीखिये फिर गाइए।।3।।

प्रेम का ऑफर पुराना दिल के बदले दिल रहा,
प्रेम की सुंदर गली में आजमाने जाइए।।4।।

सुख के पीछे दुःख खड़ा है मानता हूँ मैं "कुमर",
कर्म सुंदर मार देंगे मत कभी घबराइए।।5।।

सफलता

डॉ० कुमार वर्मा
(पता :- बाराबंकी,
उत्तर प्रदेश)

उदासी छोड़ के चल तू डगर में क्लेश आनी है।
'कर्म से भाग्य डरता है' कहावत यह पुरानी है।।1।।

निराशे से भरे अनगिन, खड़े अवरोध मिलने हैं,
पसीना बन लहू बहता,यही श्रम की निशानी है।।2।।

गिराना मत कभी आँसू, तुझे कमजोर कर देंगे।
तनिक कमजोर मन होगा,तो मन्जिल भाग जानी है।।3।।

बढ़ाकर निज कदम आगे , कदम मत खींचना पीछे,
जहाँ में लक्ष्य पाने की,यही बस एक कहानी है।।4।।

सरलता क्या? कठिनता क्या ? ये कंकड़ धूप छाया क्या?
"कुमर" की बात सुन लेना , सफलता गर जो पानी है।।5।।

सुफला

डॉ० कुमार वर्मा
(पता :- बाराबंकी, उत्तर प्रदेश)

लिखा जब एक यह मतला।
सुगम दिखने लगा मसला।।1।।

हँसा वो जोर से सुन कर,
कहाँ से लाये यह जुमला।।2।।

कमी मेरी बताते हो,
लिखा कर यूँ गलत इमला।।3।।

मुझे आगाह करता है,
अटक कर बोल के हकला।।4।।

टोकना भी दुवा माँ की,
बनी है लक्ष्य की सुफला।।5।।

नहीं सुनता था दिल पत्थर,
वही अब आज है पिघला।।6।।

नहीं कुछ बोल पाया वो,
तो आँसू आँख से निकला।।7।।

मियाँ आशिक हैं मनमौजी,
हुआ है इस कदर पगला।।8।।

घड़ी रुक्सत की आई तो,
दिखा असहाय मन अबला।।9।।

"कुमर" जब शब्द मीठे हैं,
नहीं करते कभी हमला।।10।।

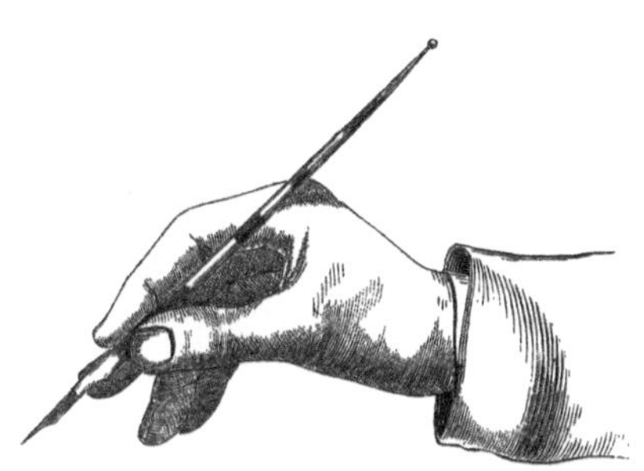

उड़ा ले गए

डॉ० कुमार वर्मा
(पता :- बाराबंकी, उत्तर प्रदेश)

ऐसी नजरें मिली दिल उड़ा ले गए।
प्यार के हर सपन को सजा ले गए।।1।।

प्यार की लॉटरी प्यार से खुल गई,
प्रेम के पत्र सारे उछाले गये।।2।।

गम के आँसू गिरे आँख से जब कभी,
सुख की मीठी हवा में सुखा ले गए।।3।।

जिंदगी की ये गाड़ी सलामत चले,
असहमति के निर्णय भी टाले गए।।4।।

रोज दो वक्त रोटी मिले पेट को,
एक कुटिया बने बस कमा ले गये।।5।।

लालचों से भरे फ़ैसले जब हुए,
सोच करके उन्हें फिर दबा ले गए।।6।।

आमजन के भले की "कुमर" सोच ने,
थोड़े अभिमान से बस बचा ले गए।।7।।

जिंदा आदमी

डॉ० कुमार वर्मा
(पता :- बाराबंकी, उत्तर प्रदेश)

आज है पर कल न होता
यह बात है सबने सुनी।
सोच सेवा भाव की है
आजकल किसने चुनी।
आँख अपनी नम करेंगे
देख कर उस की नमी।
आजकल हम भी बनेंगे
एक जिंदा आदमी।

कौर मुँह का छीनकर
उपकार के पोस्टर लगे हैं।
नोट यह नीचे लिखा है
कौन वह अपने सगे हैं।
ऐसे सेवा भाव की
दिखती नहीं है अब कमी।
आजकल हम भी बनेंगे
एक जिंदा आदमी।

निर्धनों की चीख़ निकली
कौन सुन ये कब रहा है।
शोर हल्ला इन्तिहां है
ये शोर उस में दब रहा है।
कान से सुनना पड़ेगा
कष्ट कहती जो जमी।
आजकल हम भी बनेंगे
एक जिंदा आदमी।

खून पानी हो गया है
या तो फिर पानी नहीं है।
लक्ष्य क्यों दिल्ली के पालें
वो तो मिल पानी नहीं हैं।
प्रगति की चाहत है गर
तो है कर्म करना लाजमी।
आजकल हम भी बनेंगे
एक जिंदा आदमी।

घूमता हूँ

डॉ० कुमार वर्मा
(पता :- बाराबंकी,
उत्तर प्रदेश)

अंजुमन में दर्द का गुब्बार लेकर घूमता हूँ।
नफरती बाजार में दिलदार बनकर घूमता हूँ।।1।।

कल खुशी के चार पल हमको मयस्सर थे मगर,
शहर नफरत का मिला फनकार बनकर घूमता हूँ।।2।।

मिला है पैगाम मुझको नफरत के ठेकेदार से,
मेरे घर आओ जरा हुंकार बनकर घूमता हूँ।।3।।

प्यार को जो जोड़ दे सीमेंट मेरे पास है,
गम की चादर नाश का व्यापार चुनकर घूमता हूँ।।4।।

तड़पने के दर्द से सागर हमारा भर गया,
यह तड़पना बन्द हो उपचार बनकर घूमता हूँ।।5।।

एक आशा की किरण उम्मीद भर देखी नहीं,
हर अँधेरे दफन का हथियार बनकर घूमता हूँ।।6।।

हर दिलों में प्यार का गुल था खिला देखा किए,
दुश्मनों के दिल में भी संसार लेकर घूमता हूँ।।7।।

"कुमर" ने लिख दी गजल ए ज़ख्म तेरे नाम पर,
और सीने से लगा अखबार बन कर देखता हूँ।।8।।

कौन करता है

डॉ० कुमार वर्मा
(पता :- बाराबंकी,
उत्तर प्रदेश)

मिटाकर दौलतें अपनी, तमाशा कौन करता है।
बुरा है वक्त कहते हैं, निराशा कौन करता है।।1।।

नदी की धार में बहकर,जो नौका छोड़ देते हैं,
स्वयं की बुद्धि पर हँसकर, हताशा कौन करता है।।2।।

मुफ़लिसी दौर अच्छा था वफ़ा की आग में जल के,
विगत यादों के मेले में धुँवा सा कौन करता है।।3।।

फ़क़त ईमान पर बिकने, बनी हैं मंडियां बेशक,
बिक जाएँ वही पे सब, ये आशा कौन करता है।।4।।

तुम्हारी शान झूठी है, तभी पहचान झूठी है,
मगर इस झूठपन का, खुलासा कौन करता है।।5।।

"कुमर" हैं सोचते केवल, भलाई हो यहाँ सब की,
यही दिन रात ईश्वर से, ये आशा कौन करता है।।6।।

एक बून्द का ज्ञान

डॉ० कुमार वर्मा
(पता :- बाराबंकी, उत्तर प्रदेश)

गिर कर मुझको दर्द बहुत है,
चोट भले खा जाती हूँ।
धरती पर हो हँसता जीवन,
इसमें ही खुश हो जाती हूँ।

मेघों से टिप-टिप कर गिरती,
रिमझिम शोर मचाती हूँ।
आसमान से गिरी बूँद हूँ,
सब को ज्ञान सिखाती हूँ।

बेशक सींचो खेत बगीचे,
मगर नहीं बर्बाद करो।
गागर से सागर भर देती,
मेरी महिमा याद करो।

मतलब भर का संचय कर लो,
हम को बैंक बनाओ मत।
रूठ गई तो तुम समझोगे,
एक बूँद जल की कीमत।

मैं बादल हूँ मैं पानी भी,
मैं भरती गागर सागर।
हमें क्रोध तुम नहीं दिलाओ,
मैं बन सकती बुल्डोजर।

ताल तलैया सुन लो भैया,
गिरवा सकती हूँ मैं घर।
हरी-भरी फ़सलों को खा कर,
कर दूँगी जीवन दूभर।

मैंने तीन रूप धर सीखा,
मानव का कल्याण कर सकूँ।
असली-नकली दो चेहरों में,
अंतर कर अपराध ढक सकूँ।

फागुन की फुहार

रामेश्वर लाल महरड़ा 'सजग'
(पता :- सांभर लेक, राजस्थान)

फागुन में खेलत मुरारी, रंग गुलाल डारे।
हवा चलती है धीरे से, उडे रंग बहार रे॥
बसंती हवा चले हैं, चित्तमन खुश हुआ रे।
नर नारी फाग खेले, फाग नाच उठा रे॥

कान्ह रास रचाए हैं गलियों में शोर रे।
रंग में भीगी गलियाँ, तंग लगी गली रे॥
फागुन की फुहार गुलाबी ठंड की बहार रे।
होने वाली है होली पर रंगों की बौछार रे॥

फागुन में मौसम ने ले ली है अंगड़ाई रे।
सारा वातावरण रंगीन होता जा रहा है रे॥
पीली- पीली सरसों खेतों में लहलहाती रे।
पेड़ों पर हरी पत्तियाँ छाई सुगंधित फूल रे॥

फागुन में पीले रंग से सजी- संवरी दुल्हन रे।
धरती ने ओढ़ रखी है पीली- पीली चुनर रे॥
वसंती हवा के झोंके मन में उल्लास भरे रे।
फागुन की फुहार रंगों का सुरुर खुशी देता रे॥

सुना है हमें वो याद करने लगा है

रामेश्वर लाल महरड़ा 'सजग'
(पता :- सांभर लेक, राजस्थान)

सुना है हमें वो याद करने लगा है।
हमारी नींद के सपने चुराने लगा है।।

हमें भी उनके इरादे नेक लगने लगे हैं।
चाहत हमें भी थी वो याद आने लगे हैं।।

उनके समझ में आया सच बोलने लगे हैं।
हमारे जज्बात को शायद समझने लगे हैं।।

उनकी तस्वीर अब हिये में बसने लगी है।
यह जिंदगी उनकी याद में मचलने लगी है।।

अँधियारी रातों में रोशनी दमकने लगी है।
हृदय में यादों भरी रोशनी चमकने लगी है।।

आ जाओ मिलन की रात बुलाने लगी है।
पिया कहाँ गुम हुए उदासी छाने लगी हैं।।

चेतना जागृत भवसागर पार करने में लगी है।
छोड़ दे मानव अहं को नियत खरी लगने लगी है।।

जिंदगी कभी धूप कभी छाँव

रामेश्वर लाल महरड़ा 'सजग'
(पता :- सांभर लेक, राजस्थान)

जिंदगी कभी धूप कभी छाँव,
जिंदगी में बदलती रहती आबोहवा।

जिंदगी धीरे-धीरे आगे बढ़ती है,
कभी-कभी जिंदगी में राहें दुर्गम होती है।

संघर्षों में भी आगे बढ़ते रहना है,
स्वाध्याय साधना में सफलता हासिल करनी है।

आँधियों तूफ़ानों के आएँगे झोंके,
नव पथ में कभी डरकर भटकना नहीं है।

हमेशा लक्ष्यों का संधान करना है,
आने वाले दुर्गम रास्तों पर चलना है।

सफलता हमारे कदमों में अवश्य होगी,
मेहनत से ही सफलता की सीढ़ियाँ चढ़ते हैं।

सच्चे मन से कठिन परिश्रम करना है,
परिश्रम का फल सदैव मीठा होता है।

लोग टिकने नहीं देते

रामेश्वर लाल महरड़ा 'सजग'
(पता :- सांभर लेक, राजस्थान)

लोग टिकने नहीं देते चोटी पर।
क्यों जलन होती उनके सीने पर।
वे कठिन परिश्रम करते नहीं है,
सफलता से होते जाते हैं वे दूर।

जब लोग आगे बढ़ते वे परेशान।
दूसरे की प्रगति देख कहाँ प्रसन्न।
जीवन में अच्छा कर न सके अब,
पाप कर जिंदगी में रहते हैं खिन्न।

कभी जिंदगी का मोल समझा नहीं।
जीवन में कर गुजरने की ठानी नहीं।
पर निंदा में जीवन बीत रहा दुनिया,
की प्रगति देख के अच्छा किया नहीं।

लोगों की सफ़लता देखकर ईर्ष्या हुई।
मन की इच्छाएँ मानव की कहाँ हुई।
भ्रांतियाँ पैदा कर लोग टाँग खेंचते रहे,
नये पथ चलने वाले की आशा पूरी हुई।

गिरेबान में झाँका करो

रामेश्वर लाल महरड़ा 'सजग'
(पता :- सांभर लेक, राजस्थान)

तुम अपने गिरेबान में झाँकते नहीं हो,
दूसरों की कमियों पर क्यों झाँकते हो।
खुद की कमियों पर भी झाँकते जनाब,
तुम्हारा व्यक्तित्व कितना बड़ा हो जाता।

खुद के किरदार को भी देख लिया करो।
कभी स्वतंत्र चिंतन मनन कर लिया करो।
यारों दूसरों पर बुरी नज़र गड़ाया नहीं करो,
जीवन है अनमोल अच्छी नज़र रखा करो।

नज़रों में बसती है प्यार मोहब्बत की यादें,
तुम जिंदगी को गमगीन बनाया नहीं करो।
नयनों से कभी नहीं गिरे आँसू भूलो न यादें,
चमन में सदाचार सदाबहार में जीया करो।

अपने गिरेबान को साफ़ सुथरा रखा करो,
जिंदगी के अच्छे ख्यालातों में जीया करो।
कभी - कभी अपने गिरेबान में झाँका करो,
इज्जत और संस्कारित जिंदगी जीया करो।

कब जरूरी है?

घनश्याम
(पता :- मोरनी हिल्स, हरियाणा)

कब जरूरी है ?
अलग-अलग सबके विचार परिभाषा अभी अधूरी है।
ये शादी कब जरूरी है ?
दो अनजान दिलों का मिलन जरूरी है।
इसके लिए कब मंजूरी है ?
सबकी अपनी अपनी सोच सबका अपना ख्याल है,
मानता हूँ मैं ! जीवन साथी के बिना जीवन बेकार है,
दिल का करीबी कोई तो हो ,
दो पल बात और सलाह मशवरा दे ।
खूब तरक्की करें और सुभाशीष लें,
इस विचार मे सबकी अपनी मजबूरी है ,
किसी के सपने तो किसी के ख्वाबों को
पाने की चाहत अभी अधूरी है ?
कोई उड़ना चाहता है आकाश में,
जिसने जल्दबाजी में फैसला लिया,
वो फंस गया घर गृहस्थी और आवास में
किसी पर जोर बड़े बूढ़ों का
तो किसी पर वक्त के वारों का ।
क्या करें ये बंदा जो कुछेक के लिए
गुम जाए चार दिन सावन की बहारों का,
कोई तो बताओ ये मिलन कब जरूरी है ?
ये शादी कब जरूरी है ?

उलझा मन

घनश्याम
(पता :- मोरनी हिल्स, हरियाणा)

उलझा - उलझा सा है मन -2
इस उलझन को कैसे सुलझाऊँ मैं ?
राह कौन सी जाऊँ मैं -2
हर रोज प्रातः की नई किरण के साथ,
नव-सृष्टि के पुष्प सजाऊँ मैं
नए- नए पथ प्रफुलित पुष्प उगाऊँ मैं,
राह कौन सी जाऊँ मैं -2
पल - पल प्रतिपल चंचल होता जाऊँ मैं,
राह कौन सी जाऊँ मैं -2
धैर्य को खोता मन मेरा अस्थाई होता जाऊँ मैं,
इस चंचलता पर कैसे काबू पाऊँ मैं ?
राह कौन सी जाऊँ मैं -2

उलझन

घनश्याम
(पता :- मोरनी हिल्स, हरियाणा)

उलझनों के साए में जी रहा हूँ मैं,
गिरते-गिरते संभल रहा हूँ मैं,
एक अजीब से दलदल में धँस रहा हूँ मैं,
उलझनों के साए में जी रहा हूँ मैं,
जीवन में मुश्किलों के काले बादल छाए हैं,
मैंने इस छोटी उम्र में भी बहुत धक्के खाए है,
अंधकारमय जीवन में मैं थका हारा जूझ रहा हूँ,
अपनी आशाओं और ख्वाबों का दीया लेकर घूम रहा हूँ,
मैं पंख लगाकर उड़ना चाहता नील गगन आकाश में,
फिर अचानक से गिर जाता हूँ दुविधाओं के करावास मे,
यहाँ से निकलकर मैं जीवन का नया तजुर्बा अपने साथ ले जाता हूँ।
कुछ न कुछ नया तो मैं सीख ही जाता हूँ,
मैं खुशी से मुस्कुराता महज़ कुछ तो है जो मेरे हक मैं आता,
इन उलझनों के पुल को मैं जैसे कैसे लांघ जाता हूँ,
फिर अपनी मंजिल की तरफ कदम बढ़ाता जाता हूँ,
एक डर जो मुझे सताता है !
ये अंधकार ,ये घटा घनघोर जो छाई है,
जीवन के अमन चैन भी छीन लाई है,
क्या कभी ? प्रकाश की किरण आएगी,
इस अंधकार को अपने साथ ले जायेगी,
मेरी मंजिल का सफर आसान कर जायेगी
प्रकाश की किरण आएगी -2,
ये सफ़र मुझे तय करना ही है,
रास्ते में कितनी ही मुश्किलें हों,
मैं एक तिनके के सहारे भी चलता जाऊँगा,
इस दलदल से भी निकल जाऊँगा,
पर अपने ख़्वाबों और सपनों की आहुति नही दूंगा
हर हाल में इन्हें हकीकत में तब्दील करके दिखलाऊंगा
मैं इस दलदल से भी निकल जाऊंगा -2 ।।

कुदरत का कहर

ये कुदरत का कहर उफान पर है,
मानव तेरा आस्तित्व नुकसान पर है,
इतना हाहाकार, चारों ओर है शोर,
यहाँ तक कि हवा में भी है घातक रोग -2 ।
हे मानव ! तू इतना स्वार्थी क्यूँ बना ?
प्रकृति का शोषण, संसाधनों का विनाशक तू क्यूँ बना ?
आधुनिकता के आवेश में आकर,
तूने हवा में भी विष घोला,
अब उसी हवा के लिए तू फैलाता है झोला,
तू कसूरवार है कदाचारी है,
हे मानव ! तू भावी पीढ़ी का भी अहितकारी है,
मात्र धन के लिए तूने वृक्षों को भी काटा,
एक बार भी तूने इसके परिणाम को नहीं झांका,
मर रहे है जीव-जंतु, नष्ट होती जनजाति है,
कुदरत के क्रोध से आज संपूर्ण धरा थरथराती है,
नष्ट होती जनजाति है,
आज तू मौन है, ईश्वर है मुखर,
प्राकृतिक संपदा हो चुकी उथल-पुथल ।
तू समझ जा सुधर जा ना कर दोहन ,प्राकृतिक अमूल्य उपहारों का,
तभी होगा जीवन नजारों का,
ये कुदरत का कहर उफान पर है,
मानव तेरा आस्तित्व नुकसान पर है।।

घनश्याम
(पता :- मोरनी हिल्स, हरियाणा)

वो मेरा पहला दिन

घनश्याम
(पता :- मोरनी हिल्स, हरियाणा)

सबके लिए अनजान था मैं,
डरा सहमा-सा इंसान था मैं,
चलते-चलते मेरे कदम थरथराए थे,
फिर भी मैंने कदम उठाए थे,
पहले दिन मेरा क्लास मैं आना,
मम्मा-पापा का मुझे छोड़ जाना,
धीमे से चुपचाप मेरा क्लास मैं बैठ जाना,
पीजीआई वाले गेट से मेरा अंदर आना,
सब उत्साहित भी था,
पर एक बीमारी से मैं अपाहिज भी था,
उसी के कारण तो मैं इतना सहमा था,
वरना मुझे भी तो कुछ न कुछ कहना था,
शिवालिक की पहाड़ियों की तलहटी में बसा,
एक गाँव से निकला ऐसा पथिक हूँ मैं,
जिसने अपने रास्ते नए बनाए,
उन रास्तों पर कदम बढ़ाए
वही रास्ते मुझे पी.यू. तक ले आए,
मैं ऐसा पथिक हूँ,
अपने गाँव से निकलने वाला मैं पहला हूँ,
जिसने पंख फैलाए हैं,
अपने सपनों को उड़ान देने के लिए जिसने कदम बढ़ाए हैं,
मैं पहला हूँ ,
अगर कभी मेरे कदम लड़खड़ाएँ तो दोस्तों मेरा देना साथ,
पकड़ कर मेरा भी हाथ , ले जाना अपने साथ,
क्योंकि बहुत आगे मुझे जाना है,
मुझे यहीं नहीं रुकना कुछ करके दिखाना है।।

हिंदी की क्लास

घनश्याम
(पता :- मोरनी हिल्स,
हरियाणा)

वो हिंदी की क्लास
जब भी लगती थी,
एक चुस्ती ओर स्फूर्ती-सी भर देती थी,
गुरु जी क्लास में आते थे,
अपने रजिस्टर भी साथ लाते थे,
उनके आते ही हम सब खड़े हो जाते थे,
गुड मॉर्निंग का लंबा - सा गीत सुनाते थे,
ओर दौड़े- दौड़े गुरु जी के चरण-स्पर्श कर आते थे,
वो हिंदी की क्लास में, गुरुदेव जब पढाने आते थे -2
नए - नए उदाहरण देकर वो हमें समझाते थे,
अपने जीवन के अनुभव से हमें भी अवगत करवाते थे -2
बारी जब टेस्ट की आती थी,
वो टेस्ट लेने आते थे,
और उनके आते ही हम लोग उनको अपनी बातों में उलझाते थे,
बच्चा समझकर वो हमारी इस बात को भी मान जाते थे,
हिंदी वाले सर निर्मल और दयालु हृदय पाते थे,
12 वीं कक्षा , वो अंतिम साल!
और वो हिंदी कि क्लास आज बहुत याद आती है,
ऐसा गुरु सब को मिले,बस ऐसी ही इच्छा हम सब जताते हैं -2
और वो हिंदी वाले सर बहुत याद आते हैं -2

अधूरी आकांक्षाएँ

घनश्याम
(पता :- मोरनी हिल्स, हरियाणा)

मैं भी खुशी के पल जीऊँगा
जब मैं थोड़ा बड़ा हो जाऊँगा,
मैं भी सुकून से जीवन बिताऊँगा,
जब मैं अपने पैरों पर खड़ा हो जाऊँगा,
जीवन में मेरे निराशा न हो कभी,
मैं कुछ ऐसा कर दिखलाऊँगा ।
हर खुशी ,हर आलम ,हर सुविधा,
मैं अपने घर में लेकर आऊँगा,
इस आशा में सब कुछ न कुछ करते हैं,
जीवन के इस सफ़र में, मेहनती बने फिरते है,
अपने भविष्य को सुरक्षित करने की चाह में,
न जाने कितने नुस्खे अपनाते हैं,
जीवन खत्म होने को आ जाता है,
पर कभी वो खुशी के पल नही आते हैं,
ना वो सुकून जीवन में आता है,
जिनके लिए वो इतनी लग्न दिखाता है,
जिनकी थी उन्हें कभी आशा,
कि कभी नही होगी जीवन में हताशा,
पर ये तथ्य असत्य हो जाता है,
जीवन की सांझ ढलने लगती है,
पर वो इंसान कभी अपने लिए नहीं जी पाता है,
कभी अपने लिए नहीं जी पाता है ।।

मुस्कान

घनश्याम
(पता :- मोरनी हिल्स, हरियाणा)

ये मुस्कान जब - जब आती है -2
एक खुशबू-सी बिखेर जाती है,
उदास मन को हर्षित सुखदाई बना जाती है,
ये मुस्कान जब - जब आती है,
हंसते-2 सब दुख- दर्द भूल जाते हैं,
उदासी हो या दुख, बेझिझक निगल जाते हैं,
ये मुस्कान आते ही , सब आनंद की अनुभूति पाते हैं -2
निष्पक्ष भाव से ये सबके ओठों पर चली आती है,
आनंदित मन, प्रफुललित हृदय बना जाती है,
फूलों से लेकर तितली तक बेखबर चली आती है,
निर्धन हो या चाहे हो कोई समृद्ध,
जब भी आए व्यक्ति बन जाए नयरंजक ओर बलवान अधिक,
हंसते - हंसते सब लोट पोट हो जाते हैं,
जब भी मुस्कान को अपने ओठों पर पाते है,
बात इसकी कुछ विशेष है,
खुशियां भरपूर ओर जीवन खुशहाल है,
मुस्कान जब सबके ओठों पर सवार है -2

आत्म विश्लेषण

घनश्याम
(पता :- मोरनी हिल्स, हरियाणा)

रंग साँवला शब्दों का मै खिलाड़ी हूँ,
काला हूँ,सादा हूँ थोड़ा- सा मैं अनाड़ी हूँ,
उसके प्रेम मैं डूबा रहता हूँ,
अधर अश्कों में उसको खोजता रहता हूँ,
ये श्याम घनश्याम काले बादल की तरह छा जाएगा,
उसके नेत्रों में बस जायेगा,
रचाकर रासलीला साथ उसके मैं,
दिल में बस जाऊँगा,
प्रेम-रूपी नदी में प्रवाहित करके ,
उसको भी अपने साथ बहा ले जाऊँगा,
मै घनश्याम रह जाऊँगा आधा,
अगर नहीं मिली मुझे मेरी राधा।

ये दिल क्या है ?

घनश्याम
(पता :- मोरनी हिल्स,
हरियाणा)

कैसा अंग है ?
क्या इसकी परिभाषा है ?
यही जानने की अभिलाषा है -2
रक्त का संचरण करवाता है
ऑक्सीजन को भी अंग- अंग तक पहुंचाता है,
हर धड़कन में करके इक्ट्ठी अशुद्धियां सारी,
धड़कता है ये बारी बारी ।
हर धड़कन में करके इक्ट्ठी अशुद्धियाँ सारी
शरीर से बाहर ये पटकता है,
गैसों का विनिमय कर तन में शुद्धता रखता है,
ये तो है विज्ञान की वाणी,
क्या कहता है एक आम और कवि हो जो प्राणी।
कभी हो जाता है भावुक ये
तो कभी आँसू बहाता है,
भावनाओं के अतिरेक के कारण,
खुद की गति बढ़ाता है।
गज़ब दिखाता खेल ये,
कभी उल्टे तो कभी सीधे सुझाव समझाता है ।
तो कभी बात बात पर इतराता है ।
खुशियाँ भी बिखेर दे
और पल में मायूस बनाता है,
ये कैसा अंग है ?
जो कभी तो हँसाता है,
तो कभी रुलाता है।
ये कैसा अंग है ?
क्या इसकी परिभाषा है ?
यही जानने की अभिलाषा है ?

किनारा कोई नज़र नहीं आता

सुषमा सिंह "उर्मि"
(पता :- कानपुर, उत्तर प्रदेश)

डूबते किनारे जब,नज़र नहीं आते,
साहिल अपने आगोश में भरते
तब सरिता में हम जोबन पाते।

लहरों का दम घुटने लगता
देख विशाल तरंगों को,
मन होता खो जाएँ लहरों में
उनसे जोड़ के नाता।

फूलों से हो चाहे आँसू से
माला मैंने है अपनी गोही।
मंदिर में अर्पित करने को,
भगवान की बाट ही जोही।।

जिन सुमनों से रच-रच तुमने,
केशों को बहुत सजाया था।
उन सुमनों की महक लेने को,
भँवरा मिलने को आया था।।

सन्नाटा हर तरफ वसुधा पर छाया,
अंधकार सारे जग में हमने पाया।
देख कर ये रूप जहाँन का
मन बहुत घबराया,
हर मानव सहमा डरा हुआ,
सबने अपने को बेबस पाया।।

चाँद से लिपटी शर्माती चाँदनी है,
आज चाँदनी रात में,नहाती यामिनी है,
अंधियारी रात में हमने
सुनी सुरीली रागिनी है!!!

चलो फिर बचपन जिया जाए

सुषमा सिंह "उर्मि"
(पता :- कानपुर, उत्तर प्रदेश)

चलो फिर से अपना बचपन जिया जाए।
खेल कूद और शैतानी फिर की जाए।
चलो फिर से अपना बचपन जिया जाए।
सुबह उठकर स्कूल तैयार होकर जाना
गुरूओं से शिक्षा ले अपना ज्ञान बढ़ाना।
चलो फिर से अपना बचपन जिया जाए।
घर आते खाना खाकर होमवर्क करना।
फिर थोड़ा हलचल कर और चैन से सो जाना।
चलो फिर से अपना बचपन जिया जाए।
याद बहुत आते हैं बीते बचपन के दिन
सोच मन प्रफुल्लित हो फिर लौट आएँ
बचपन के दिन...
चलो फिर से अपना बचपन जिया जाए!
माँ की डाँट, पिता का दुलार याद आता
उनके प्यार को मन बहुत तरसता।
चलो फिर से अपना बचपन जिया जाए।
माँ के आँचल में सिर रख सो जाना,
सकून बहुत मिलता फूलों से आँचल में रहना।।
चलो फिर से अपना बचपन जिया जाए !!

अधर्म का अंत

भोला शरण प्रसाद
(पता :- नोएडा-150,
उत्तर प्रदेश)

जब बढ़ा धरा पर अधर्म का भार,
वीरों ने उठाई अपने हाथ में तलवार।
खिलजी जब करने लगा अत्याचार,
बढ़ गया धरा पर सितम और अहंकार,
कलम के पुजारी प्रतिपादित्य ने उठा ली तलवार।
जब अंग्रेज़ों ने किया भारतीयों पर अत्याचार,
नेता जी सुभाष चंद्र बोस ने लिया,
इसी धरा पर देव कुल में अवतार।
धर्म की आवाज बुलंद की शिकागो में,
कोई और नहीं इसी धरा का लाल,
जिसे कहते हैं स्वामी विवेकानंद,
दुश्मन देखते रह गए लाल ने किया कमाल।
परमात्मा ने हम सभी को वीरों के कुल में जन्म दिया,
पर हमने तो कुल के संस्कारों को खत्म कर दिया।
कुल, मर्यादा और कर्तव्य से सबने लिया मुख मोड़,
सारे बंधन को तोड़ समाज को किया कमजोर।
आपस में ही लड़ने लगे दुश्मनी कर ली हर ओर,
धर्म से विमुख हुए सब कुछ दिया छोड़।।

करवा चौथ व्रत

अनन्तराम चौबे अनन्त
(पता :- जबलपुर, मध्य प्रदेश)

पति की दीर्घायु की कामना से
करवा चौथ का व्रत करती है ।
सदा सुहागन पत्नी बनकर रहे
ईश्वर से यही प्रार्थना करती है।

पति की दीर्घायु के लिए पत्नी
पूजा-पाठ, व्रत करती रहती है।
सदा सुहागन बनी रहे यही
भगवान से प्रार्थना करती है ।

करवा चौथ का व्रत करना है
सुबह से शाम तक व्रत रखना।
दुल्हन की तरह सजना संवरना
श्रद्धा से करवा चौथ व्रत रखना ।

कजरारे नैनों में काजल ,
दोनों हाथों में मेहंदी लगाना।
पैरों में छम-छम पायल बाजे
सोलह सिंगार करके संवरना ।

हाथों में चूड़ियाँ और कंगन
मन भावन बहुत ही लगती हैं ।
नाक में नथनी कानों में झुमके
श्रृंगार इन सबका करती हैं ।

हल्दी महावर पैरों में लगाना
माँग सिंदूर बिंदिया से भरना ।
दिन भर व्रत रह करके शाम
के चाँद का इंतज़ार करना ।

चाँद निकले छलनी से देखना
फिर पति को छलनी से देखना ।
करवा चौथ व्रत का पालन कर
पानी पीकर व्रत को तोड़ना ।

एकांतवास की स्वानुभूति

समीउल्लाह खान
(पता :- खम्मम्, तेलंगाना)

आज घर में कोई भी नहीं थे !
सिर्फ मैं और मेरा अहं,
मेरी अशांति !
सिर्फ मैं और मेरी आशा, मेरी निराशा !
सिर्फ मैं और मेरी सहनशक्ति,मेरी बेसब्री !
सिर्फ मैं और मेरी हिम्मत,मेरा शौर्य !
सिर्फ मैं और मेरा प्यार,
मेरा द्वेष !
सिर्फ मैं और मेरा क्रोध,
मेरी खुशी !
सिर्फ मैं और मेरी कमजोरी,
मेरी शक्ति ! सिर्फ मैं और,
मेरा विश्वास , मेरा दृढ़ संकल्प !
सिर्फ मैं और मेरी दैवभक्ति,
मेरी अकुंठित कार्यदक्षता !
वो दिन कैसे बीता होगा मेरे अकेलेपन का ?
एकांतवास ! मुझे भूखे शेर जैसा पीछा कर रहा था !
उन चार दीवारों के बीच,
बंदीखाने में सिकुड़ कर बैठे
आजीवन कैदी को भुला दिया
मेरा अकेलापन !
एकांतवास का एक दिन ही ऐसा बीता
तो मेरा शेष जीवन कैसे बीतेगा रे !
सोचने पर मेरे रोंगटे खड़े हो जाते हैं सखी रे !
मेरी हमसफर बन कर तुमने मेरी
छाँव जैसा आजीवन साथ निभाया सखी रे !
मैं तुझे भूल से भी नहीं भूल सकता सखी रे !

अब मेरा हाथ कौन थमाती !

समीउल्लाह खान
(पता :- खम्मम्, तेलंगाना)

कैसा खेल रचाया अल्लाह ने ?
मुझ को आजमाया अल्लाह ने।

किसको अपनी समझे अब हम ?
कब तक ऐसे ही तन्हा जिएँ हम ?

कब किस से प्यारी यारी होती ?
किससे कब तक यारी निभाता ?

कब किस को प्यार से भाता ?
कब किस से गले लग जाता ?

दिल से कौन दिल को लगाती ?
दिलरुबा कौन दिल को महकाती ?

मैं दिल के एहसासो में डूबता,
अपना बना कर कौन साथ निभाती ?

मेरे दर्द को अल्लाह कब सुनता ?
अब कौन मेरा हमदर्द बनता ?

"समी" अब बाँधो साजो सामान,
कौन अब तुम्हारा हाथ थमाती?

काश ! कोई होता जो बिन कहे समझ लेता

समीउल्लाह खान
(पता :- खम्मम्, तेलंगाना)

काश कोई होता बिन कहे अपने ?
इशारों से दुख दर्द को समझ लेता।
दिल में छिपी हुई होती है तन्हाइयों के अहसास!
उसके पीछे कितने मधुर स्मृतियों को
छोड़ कर चले गयी होगी रात !

तेरे आँसुओं से ठंडी नहीं होगी सीने की आग !
तेरा प्यार मधुर स्मृतियों के
एहसास के निशां छोड गया है।
वहीं प्यार तो मेरे सीने में घर बना बस गया,
हमेशा का प्यार है सखी रे !

तू ही तो है मेरे दिल की रानी,
मैं ही तो हूँ तेरे दिल का राजा!
यही तो तेरा-मेरा जन्मों-जन्मों का प्यार।

काश ! अब भी तो कोई समझ लेता,
अपना सच्चा प्यार !!

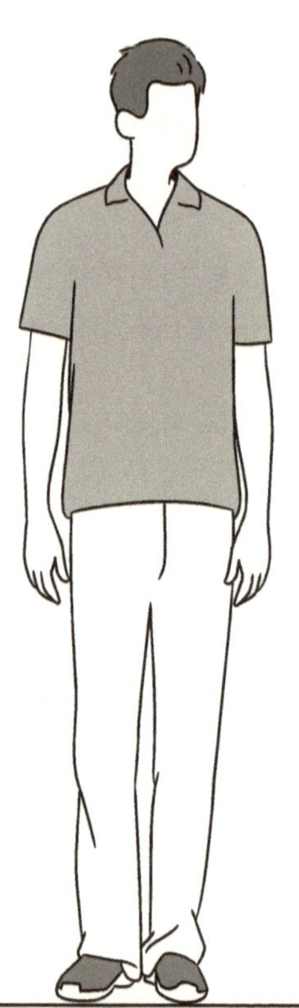

दर्दे दिल है क्या जाने

समीउल्लाह खान
(पता :- खम्मम्, तेलंगाना)

दर्दे दिल ही जाने होता है क्या दर्द !
कोई बेदर्द जिंदगी को बिताता तो कोई बादर्द।
दर्दे दिल पर कोई बनता तो हमदर्द !
कोई दर्द या घाव का मरहम करता तो बन कर बेदर्द ।
इसलिए तो हम दीन- दुखियों का,
हरते रहे हर दर्द बन कर हमदर्द ।
हर दर्द की दवा है मगर दर्द दिल की दवा नहीं !
हाँ! दर्द दिल की भी दवा है,
जो एक दूजे के दिल से लगी हो ।
इसलिए तो हम कहते हैं जिंदगी में हमदर्द बने ।
दर्द तो दुनिया में बेशुमार है मगर,
हमदर्द तो गिनती के हैं ।

लाल देवता

श्रेयांश
(पता :- हिसार, हरियाणा)

अब तो पीले दिख रहे हो,
अभी लाल हो जाओगे ?
अभी तो हो शीतल,
शीघ्र ही हमें तपाओगे,
सवेरे-सवेरे हो संतरी,
साँझ तक लाल हो जाओगे,
अभी तो हो शीतल,
शीघ्र ही हमें सताओगे,
क्यों भाई ?
क्या हो जाता है ?
क्यों लाल-पीले हो जाते हो ?
कुछ देर शांत हो जाओ,
हमें पीले ही सुहाते हो ।
अभी तो हो पीले,
अभी लाल हो जाओगे,
अभी तो हो शीतल,
शीघ्र ही हमें तपाओगे।।

मौसम है बहारों का

वी० एन० वी० पद्मावती
(पता :- हैदराबाद, तेलंगाना)

अलबेला-मस्ताना है मौसम,
इठलाता बल खाता है मौसम,
सनसनी मदमाती हवा की लहर है,
हृदय में आनंद की फुहार है,
प्रकृति ने बिछाई हरियाली की चादर ,
हर किसी प्राणी ने किया प्रणाम सादर ।
मन मदमस्त , गाती कोई गीत है,
अनजाना-मस्ताना कोई भावराग है,
कहने-सुनने में पूरी नहीं है मगर,
मन की भावना पार कर गयी पारावार,
मौसम बहार का,उल्लास हृदय का,
उत्तेज विरह का, सह न पायेगा ?
शबनम की बूँदों का मौसम सुहाना,
बारिश के मौसम का मौसम सुहाना,
प्रिय के विरह का ताप जलाए,
प्रियतमा से दूरी का विरह जलाए,
भाव-राग-ताल का समन्वय हो,
तन-मन की साझीदारी में नियंत्रण हो,
मौसम बहारों का सितम न ढाए,
मौसम बहारों का खुशहाली लाए ।।

करवाचौथ

डॉ० जगदीश चंद्र वर्मा
(पता :- गाजियाबाद,
उत्तर प्रदेश)

करवाचौथ व्रत सुहागन स्त्रियाँ,पति के लिए रखती हैं।
स्वस्थ जीवन व दीर्घायु की,दिल से कामना करती हैं।।

दिनभर निर्जला व्रत रखकर,यह पर्व मनाया जाता है।
रात्रि में सुधाकर देखकर ही,यह व्रत खोला जाता है।।

यह उपवास रखने से सदा, सुहाग की रक्षा होती है।
पत्नी के अटल विश्वास की,जटिल परीक्षा होती है।।

करवा के अटूट विश्वास ने,करिश्मा कर दिखाया था।
अपनी श्रद्धा-भक्ति से पति को,पुनर्जीवित कराया था।।

पति को भी अर्धांगिनी का,सहयोग करना चाहिए।
उसके सुख-दुख का सदैव,भागीदार बनना चाहिए।।

पति-पत्नी के दिल में सदा,प्यार का दरिया बहता रहे।
एक-दूजे का सहारा बन,संगम का परचम लहराता रहे।।

माई क्यों जन्म दिया

पूर्णिमा सिंह
(पता :- नागपुर, महाराष्ट्र)

माई क्यों जन्म दिया, क्यों इस दुनिया में लाई थी ?
क्यों ना पहले ही इस दुनिया की हकीक़त,
शक्लोसूरत और बर्बारता मुझे बताई थी।
तू तो कहती थी मुझे देवी माँ सा पूजा जाएगा
पर यह ना बताया कि मुझे इस पर बर्बरता के साथ यूँ ही रौंदा जाएगा।
माँ तूने तो मुझे अपनी लाडली, सोन-चिरैया जाने कितने नाम दिए ?
पर क्या पता था
आखिर में मेरा नाम निर्भया और अभया रखा जाएगा।
मैं, माँ जब तक तेरे साए में थी,
ना ही किसी की बुरी नज़र पड़ी, न ही किसी ने गंदा हाथ लगाया था,
पर जैसे ही अपने पंख खोल मैंने उड़ना चाहा,
लोगों को क्यों यह रास न आया,
माँ तेरी इस सोन-चिरैया को किस बाज ने दबोच कर उसको खाया था।
माँ तू कहती थी मुझमें लक्ष्मी, सरस्वती देवी के रूप समाए हैं,
माँ क्या इस धरती पर देवियों को ऐसे ही कुचला जाता है
उनके अंग भंग कर उन्हें नग्न अवस्था में मृत्यु के लिए छोड़ दिया जाता है।
हद तो तब होती है माँ जब अपनी ही बेटी के लिए माँ को,
उसके इंसाफ के लिए दर-दर भड़काया जाता है,
कितनी छिंटाकशी के साथ बेटी की मौत पर भी,
राजनीति का खेल कराया जाता है।
माँ तू तो कहती थी मैं एक बहन, बेटी, पत्नी;
जाने कितने रूपों में जग की शोभा बढ़ाऊँगी,
पर यह ना बताया था कि यह मेरा तन ही,
मुझको मेरी मौत की राह पर ले आएगा।
इसको पाने के लिए लोग सारी हदों को पार कर जाएँगे

फिर मुझ पर ही आरोप लगाकर दुनिया को,
आत्महत्या का रूप सबके सामने लाएँगे।
माँ क्यों तूने जन्म दिया इस बेरहम सी दुनिया में,
क्यों ना मुझे मार डाला अपनी ही कोख की उस बगिया में।
माँ तब एक ही ग़म रहता कि मेरी माँ ने क्यों ना यह दुनिया मुझे दिखाई,
पर अब सोचती हूँ कि ऐसी दुनिया क्यों देखूँ,
जिसमें मेरी ही मौत पर मेरी ही माँ मेरी ही सूरत देखने को तरस गई।
मेरा क्षत-विक्षत तन देखकर उसकी ही रूह काँपकर बिखर गई।
माँ तूने भी तो सोचा होगा क्यों जन्म दिया इस अभागी को,
पर माँ मेरी गलती क्या है यह न समझ मैं पाई
कि तूने बेटी को जन्म दिया या यह लड़की के रूप में ही खोट है,
जो उस ईश्वर ने बनाई है
या वहशी दरिंदों की चाहत ही पूरी करने को मैं आई हूँ।
माँ मेरी चाहत बहुत ही छोटी थी,
बस तेरा आँचल चाहा था तेरे जैसा ही बनना था,
पर यह क्या माँ मैं तो एक केस और एक संज्ञा बन गई
दुनिया जिसे दिन भर देखें, ऐसी खबर बन गई।
माँ-बापू का नाम इस जग में रोशन करना और उसे चमकाना था।
इस तरह से हर घर में टीवी चैनलों पर नहीं आना था
माँ मेरी ही मौत मुझे एक और ऐसी मौत दे गई
कि मेरी रूह ऐसी थर-थर काँपी जाने कहाँ विलीन हो गई।
माँ अब न लाना ऐसी दुनिया में, ये दुनिया मुझे रास न आई।
हर युग की यही कहानी नारी के बस नाम बदलते आए हैं
पर उनकी किस्मत न बदलने पाई बस उनकी किस्मत न बदलने पाई।
माई क्यों जन्म दिया, क्यों इस दुनिया में लाई ?
क्यों ना पहले ही इस दुनिया की हकीक़त,
शक्लोसूरत और बर्बारसा मुझे बताई ।

छल

रीना देवी
(पता :- पिंजौर, हरियाणा)

कौवा बोला मोर से
करो मुझ पर उपकार,
शादी है आज ही मेरी
दे दो पैर उधार ।

मोर ने सोचा दोस्त है
कैसे करूं इन्कार ?
द्वार खड़ा लेने के लिए
कर ली विनती स्वीकार ।

लेकर पैर कौवा प्रसन्न
था शादी को तैयार,
अपने पैर दे मोर को
इतराए बारंबार ।

देख सुंदरता पैरों की
मन में उठा एक सवाल ,
हर तरफ बातें पैरों की
गूँज उठा पंडाल ।

वापिस आया घर अपने तो
मोर भी पहुँचा पास ,
आई जान में जान उसकी
जगी पैर मिलने की आस ।

बोला तुम्हारा काम हो गया
पैर मेरे लौटा दो ,
मेरी वजह से काम बना
मुझको भी तोहफा दो।

लालच जगा मन में कौवे के
देने से किया इनकार ,
तोहफा देना दूर रहा
निकाला घर से बाहर ।

आज भी प्रसन्न होकर मोर
जब अपना नृत्य दिखाता है ,
देखकर अपने पैरों को
मन आँसू नित बहाता है ।
वह आँसू नित बहाता है ।।

बढ़े चलो

रीना देवी
(पता :- पिंजौर, हरियाणा)

जीत का मार्ग खुले
हार ही के रास्ते।
उठ, यदि तू गिर गया,
उठ ख़ुदा के वास्ते ।।
रख बुलंद हौसले
मंज़िल तुझे बुलाएगी।
नई राह पर जो चल पड़ा
मुश्किलें डराएगी ।।
निडर रहे,अटल रहे,
लक्ष्य पर तू सर्वदा।
रजनी तम को मिटाएँ
भास्कर ही सर्वदा।।
तू धीर बन, गंभीर बन,
आए न पास भीरुता।
पाता, विजय श्री वही,
रातों को भी जो जागता।।
भूले न लक्ष्य तू कभी
हर पल तुझे ये भान हो
बौनी उड़ान उड़ी अभी
न दर्प न अभिमान हो।।
तू अकेला भी यदि,
राह सही अपनाएगा।
कौन है इस लोक में,
तुझ को जो रोक पाएगा।।
बढ़े चलो बढ़े चलो,
न थक के यूँ हार तू।
प्रकृति भी कहेगी मन,
लो पुष्प के उपहार दूँ।

पैगाम

पलक शर्मा
(पता :- मोरनी हिल्स, हरियाणा)

न थी मैं कोई दुल्हन,
न चढ़नी थी कोई बारात,
न जाने क्यों उस दिन,
थी मैं दुल्हन की तरह तैयार।

बारातों के जैसे बाराती आए,
संग अपने उपहार लाए,
लाल चुन्नी नहीं सफेद चादर लाए,
डोली नहीं अर्थी उठाए।

खुशियों की जगह मातम छाया,
संग अपने पैगाम लाया,
पैगाम लाने वाला सफेद चादर में आया,
भेजने वाले का नाम मौत बताया।

सालों के रूठे वापस आए थे,
मुझसे बात न करने वाले,
मुझे कुछ बुलवाने आए थे,
एक बार फिर वो मुझे आज़माने आए थे।

उठी नहीं थी अर्थी मेरी,
मुझे बुलाने की बातें चलने लगी,
मेरे प्यार की डोरी शायद,
अब लोगों से छूटने लगी।

जब सोई नहीं थी मैं,
मुझे सुलाया जा रहा था,
आज बिन बताए सो गई मैं,
मुझे जगाया जा रहा था।

सबके लबों पर आज,
मेरी अच्छाइयाँ गूँज रही थी,
मेरी खामियों का लुत्फ़ उठाने वालों की,
महफ़िल में आज मेरी अच्छाइयाँ बोल रही थी।

मेरा शरीर आज उन्हें मिट्टी लगने लगा था,
छोटी-सी खरोच पर घर सर पर उठाया था,
मेरी एक चीख पर दिल उसका दहलाया था,
उस दिन आपने मेरी चिता को सजाया था।

जीने-मरने के बंधन में इंसान क्यों फँस जाता है,
आखिर ऐसा क्यों होता है?
पूजनीय संसार में पूजा जाता है जिन्हें,
मरने के बाद अशुद्ध समझा जाता है उन्हें।

भूल जाओ उसे उसकी यादों को,
घर आते ही सबने बात कही,
आसानी से कह दिया लोगों ने,
वो तुम्हारी कभी थी ही नहीं।।

चुनावी नेता

बृजेश सिंह
(पता :- मोरनी हिल्स, हरियाणा)

पाँच वर्षो मे आते हैं एक बार ,
आते हैं एक त्यौहार की भांति ,
वादे बेशुमार करते है ,
जाने जैसे एक गिरगिट की भाँति ।।

जनता को लुभाने का हर संभव
प्रयास यह करते ,
मानो दूध के धुले ।।

ये नेता पैसों से वोट खरीदते हैं,
अपराधी भी चुनाव में भाग लेते,
कई-कई तो जीत भी जाते हैं ।।

भोली-भाली जनता का फायदा ये खूब उठाते,
धर्म और जाति के अधार पर ये बाँटते,
आरक्षण का रखते हैं ये पूरा ध्यान ।।

गली-गली, गाँव-गाँव ये जाते हैं एक बार,
हाथ जोड़ना है इनका काम,
करते है वादे बेशुमार ।।

जो कभी नही दिखाई देते वो
दिखते हैं एक बार ,
मानों हो गये हो ईद का चाँद ।।

छोटा-सा हमारा ये प्रयास
रहना है हमें सतर्क ,
दुनिया को रखना हैं हमें सतर्क
तभी तो चुनाव का महौल होगा सजग ।।

दीपावली

मयंक शर्मा
(पता :- मोरनी हिल्स, हरियाणा)

दिवाली आई , दिवाली आई,
अपने साथ खुशियाँ ले आई।
कार्तिक मास का पावन त्योहार ,
करता है पटाखों की बौछार ।

दिवाली आई, दिवाली आई,
हम सब ने मिठाई खाई ।
छोटी दीवाली को असकली बनाई ,
मिलकर सब ने मजे से खाई ।

दिवाली आई, दिवाली आई,
लक्ष्मी जी की आरती गाई ।
कतार में खड़े हैं सब लोग,
लेने को अपना-अपना भोग ।

दिवाली आई, दिवाली आई,
हम सब ने जी भरकर मनाई ।
समय आया है दीये जलाने का ,
बुराई पर अच्छाई का परचम लहराने का ।

दिवाली आई, दिवाली आई,
बच्चों ने फुलझड़ियाँ चलाई।
सारे गाँव ने बलराज जलाए,
नाचें-झूमें पटाखे चलाए ।
दिवाली आई, दिवाली आई ।।

अफसाना छोड़

अविनाश ब्यौहार
(पता :- जबलपुर, मध्य प्रदेश)

मूर्ख को है समझाना छोड़।
मेहनत का मत दाना छोड़।।

जहाँ पर इज़्जत हुई खराब,
वहाँ पर आना - जाना छोड़।

भोर होने पर जल्दी जाग,
ज़िंदगी में अलसाना छोड़।

जान पे बन आई है आज,
छेड़ना मत, इठलाना छोड़।

बात को सीधे - सीधे बोल,
मुझे अब उलझाना छोड़।

सदा धोखा खाया है यार,
गैर को बस अपनाना छोड़।

कहानी - किस्से सुनकर लोग,
बोलते हैं अफसाना छोड़।।

जीवन में कितनी उलझन है

अविनाश ब्यौहार
(पता :- जबलपुर, मध्य प्रदेश)

जीवन में कितनी उलझन है।
खिन्न हुआ-सा मेरा मन है।।

हरा-भरा होना था गुलशन,
उजड़ा-उजड़ा-सा उपवन है।

मैंने उनको बहुत मनाया,
पर उनकी टेढ़ी चितवन है।

जाड़े का प्रारंभ हुआ है,
माह लगा जैसे अगहन है।

हम उनसे क्या करें अपेक्षा,
फटा हुआ उनका दामन है।

हैप्पी दिवाली

प्रियांशु
(पता :- मोरनी हिल्स, हरियाणा)

दिवाली पर गौर उन पर भी फरमाना ,
जिनको दिवाली मनाने के लिए भी लगता है जमाना।
उनसे भी कुछ लेते ही आना ,
उनकी दिवाली को रोशन कर जाना।

बैठे होंगे वो कोने में ,
जब चारों तरफ रोशन आसमां होगा ।
थोड़ी खुशियाँ बाँट लेना उनसे भी,
उनका भी दिवाली में कोई खुश लम्हा होगा।

घर में उनके भी बैठे होंगे बच्चे ,
आँखों में जिनकी इंतजार होगा ।
वह भी मन मार कर बैठे होंगे ,
उनके लिए यह त्योहार, त्योहार न होगा।

आशा का दीपक जलाए ,
घर से वो निकलते होंगे ।
कुछ न मिलने पर ,
अरमां उनके सूरज की तरह ढलते होंगे ।।

चलो गाँव की ओर (सरसी छंद)

विशाल जैन पवा
(पता :- तालबेहट, ललितपुर, उ.प्र.)

शांति मिले सुख-समृद्धि अनुभव, चलो गाँव की ओर।
वन उपवन छायी हरियाली, शुद्ध पवन चहुँ छोर।।

शीतल मारुत लगे मनोहर, आवहवा भी देख।
दूषित पर्यावरण नहीं है, सुविधाएं भी लेख ।
कानन नाचे मयूर हर्ष में, वर्षा हो घनघोर।
शांति मिले सुख-समृद्धि अनुभव, चलो गाँव की ओर।।

फसल-चक्र खेतों में देखो, पौष्टिक उगे अनाज।
ताजी सब्जी मन को भाये, रहे स्वस्थ्य सरताज।
छाँव मिले तरु ग्रीष्म-शिशिर में, नरमी भाव विभोर।
शांति मिले सुख-समृद्धि अनुभव, चलो गाँव की ओर।।

पनघट पर पनिहारिन रीझे, ग्वाला गायें गीत।
पगडण्डी पर चले झुमकर, खुशी मनायें मीत।
कोयल कूके बसंत ऋतु में, सजे आम्र के बौर।
शांति मिले सुख-समृद्धि अनुभव, चलो गाँव की ओर।।

गली-मुहल्ले बच्चे खेलें, सबके मन में प्रीत।
इक दूजे का बने सहारा, प्रचलित देखो रीत।
रजनी शीत-शरद में देखो, जलते अलाव भोर
शांति मिले सुख-समृद्धि अनुभव, चलो गाँव की ओर।।

पशु-पालन की महिमा न्यारी, प्रेम मिले भरपूर।
पुष्प-वाटिका कलरव अनुपम, यौवन चढ़े सुरूर।
स्नेह मधुर रिश्तों में देखो, स्वागत मृदु पुरजोर।
शांति मिले सुख-समृद्धि अनुभव, चलो गाँव की ओर।।

बचपन में मैं बहुत अमीर था

मनदीप सिंह
(पता :- पंचकूला, हरियाणा)

कागज की बनाई कश्ती थी ,
हवा में उड़ाता जहाज था,
ये बनाते कभी न
थका मेरा शरीर था ।
क्योंकि बचपन में
मैं बहुत अमीर था ।।

कई घर बनाए थे मैंने
बचपन में,
कई घरों को तोड़ा था ,
कई गाडियाँ थी मेरे पास
और बैलों का जोड़ा था,
करते सेवा उन बैलों की,
न थकता मेरा शरीर था ,
क्योंकि बचपन में ,
मैं बहुत अमीर था ।।

उन बारिश की बूँदों में ,
जब रेस मैंने लगाई थी ,
उस बारिश के पानी में
कश्ती मैंने चलाई थी ,
बारिश भी अपनी थी और ,
नाली भी अपनी थी ,
कई मेरे घर थे ,
तंदरुस्त मेरा शरीर था ।
इस जवानी से ज्यादा तो मैं ,
बचपन में अमीर था ।।

भगवान रो रहा है

मनदीप सिंह
(पता :- पंचकूला, हरियाणा)

जब आई आँधी और चला तूफान ,
ये देख के इंसान क्यूँ हैरान हो रहा है ?
बाहर जा कर देख भगवान रो रहा है ।।

नहीं सोचा होगा भगवान ने कभी ?
क्यूँ इंसान इतना बेहाल हो रहा है ?
मुस्लिम अल्लाह... और हिंदू राम हो रहा है !
बाहर जा के देख, भगवान रो रहा है ।।

नहीं किया फर्क उसने कोई
ये देख वो भी हैरान हो रहा है ,
गाय हिंदू और बकरा मुसलमान हो रहा है ,
बाहर जा के देख, भगवान रो रहा है ।।

हिंदी मे छपी गीता और उर्दू में कुरान हो रहा है ,
एक कागज भी जब हिंदू मुसलमान हो रहा है !
देख ये सब कुछ भगवान हैरान हो रहा है ।।

नहीं यकीन तो बाहर जा कर देख ,
भगवान रो रहा है........भगवान रो रहा है ।।

व्यावसायिक शिक्षा

मनदीप सिंह
(पता :- पंचकूला, हरियाणा)

मास्टर जी ने है पूरा ज़ोर लगाया ,
हम सब को हाथ का हुनर है सिखाया ,
तन-मन से हमें काम बताया ,
अब नहीं माँगनी पड़ेगी हमें रोजगार की भिक्षा ,
क्योंकि हरियाणा के स्कूलों में मिल रही
निशुल्क व्यावसायिक शिक्षा....
... निशुल्क व्यावसायिक शिक्षा ।।

घर अपने जब हम जाएँगे ,
हुनर अपना सबको दिखलाएँगे ,
पड़ोसी भी सब होंगें हैरान ,
करेंगे जब हम कोई ऐसा काम ,
चार दोस्तों को भी साथ लगाएँगे ,
बेरोजगारी को दूर भगाएँगे ,
सबके होंगें घर अपने,
पूरे होंगे सब सपने,
भारत का नाम विश्व में चमकाएँगे ,
अब नहीं करनी पड़ेगी हमें ज्यादा प्रतीक्षा ,
क्योंकि हरियाणा के स्कूलों में मिल रही
निशुल्क व्यावसायिक शिक्षा...
निशुल्क व्यावसायिक शिक्षा ।।

नया साल

मनदीप सिंह
(पता :- पंचकूला, हरियाणा)

कदम से कदम मिलाता जा,
नया साल मनाता जा ।

कुछ बदलने की खातिर ,
हर साल मैं यूँ ही आता हूँ
सब कुछ तो मैं बदल नहीं सकता ,
पर कुछ तो बदलाव मैं लाता हूँ ।

बैठ आराम से तू घर अपने ,
बस जाम से जाम मिलाता जा ,
हर बार की तरह इस बार भी,
तू बस नया साल मनाता जा ।।

दुनिया की खातिर तू अपने में ,
कुछ तो बदलाव लाता जा,
कदम से कदम मिलाता जा,
तू नया साल मनाता जा।।

कुछ बुरी आदतों को तू ,
हर बार यूँ ही भुलाता जा,
और अपने अंदर के शैतान को तू ,
यूँ ही बाहर भगाता जा।।

ठंड के इस मौसम में,
तू यूँ ही चिराग जलाता जा,
दिल अपना बहकाता जा,
कदम से कदम मिलाता जा ,
और नया साल मनाता जा ।।

मैंने भगवान को देखा है

मनदीप सिंह
(पता :- पंचकूला, हरियाणा)

सफ़ेद वस्त्र पहने अस्पतालों में,
खाकी पहने मैदानों में,
जी जान से काम करते,
दिन रात उनको देखा है,
बाकि किसी का क्या कहूँ ?
मैंने भगवान को देखा है ।

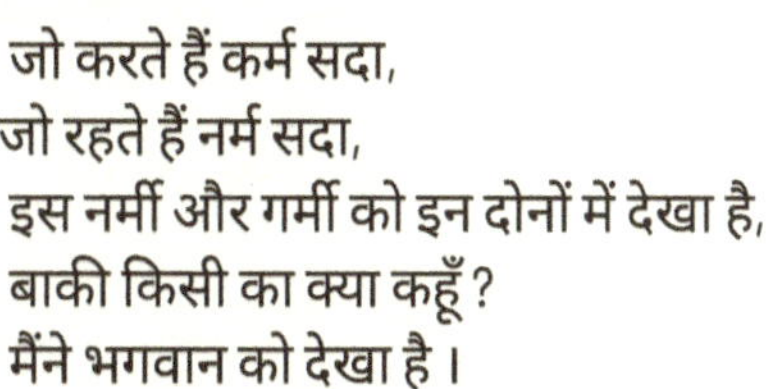

जो करते हैं कर्म सदा,
जो रहते हैं नर्म सदा,
इस नर्मी और गर्मी को इन दोनों में देखा है,
बाकी किसी का क्या कहूँ ?
मैंने भगवान को देखा है ।

जो करते हैं दिन-रात काम सदा,
जो रहते हैं परेशान सदा,
करते हैं हम सब का भला,
हम सब का भला करते
मैंने उनको देखा है,
बाकि किसी की क्या कहूँ ?
मैंने भगवान को देखा है ।

जब जाते हैं वो थानों में,
और जंग के मैदानों में,
अस्पतालों में और दवाखानों में,
अपनी जान जोखिम में डाले,
मैंने उनको देखा है,
बाकि किसी का क्या कहूँ
मैंने भगवान को देखा है
मैंने भगवान को देखा है।

इंसान कहाँ है

मनदीप सिंह
(पता :- पंचकूला, हरियाणा)

मजहब के नाम पर मत लड़ ऐ इंसान ,
नहीं तो नाराज हो जाएँगे भगवान ।
जब मैं मंदिर गया, तो वहाँ मिले सारे हिंदू महान ,
मस्जिद जाने पर पता चला, यहाँ तो हैं मुसलमान ,
कोई तो बताओ आखिर गया कहाँ इंसान ?
आखिर गया कहाँ इंसान ?
मुस्लिम सर पर रखते टोपी, हिंदू रखते रुमाल,
हर जगह मैं गया, पर नहीं मिला तो इंसान ,
कोई तो बताओ आखिर गया कहाँ इंसान ?
आखिर गया कहाँ इंसान ?
जब इंसान ने धर्म बनाया होगा ,
गुस्सा तो भगवान को भी आया होगा ,
हिंदू जाते श्मशान, मुस्लिम जाते कब्रिस्तान ,
कोई तो बताओ आखिर गया कहाँ इंसान ?
आखिर गया कहाँ इंसान ?
नफ़रतों का असर इतना है महान ,
गाय हिंदू हो गयी और बकरा हुआ मुसलमान,
कोई तो बताओ आखिर गया कहाँ इंसान ?
आखिर गया कहाँ इंसान ?

हाँ जी!

मनदीप सिंह
(पता :- पंचकूला, हरियाणा)

हाँ जी! हाँ जी! करते,
जब पहली बार झाड़ू मैंने उठाया था,
घर अपना चमकाया था,
सच में बहुत मजा आया था,
बहुत मजा आया था ।।
जब बर्तन की आवाज आई ,
पलकें मैंने अपनी झपकाई,
गया भाग के रसोई में
प्लेटें और कटोरी मैंने खूब चमकाई ,
इस चमक से रोशन शान हुई,
घर में मेरी एक नयी पहचान हुई ,
हाँ जी! हाँ जी! करते जब,
करतब मैंने ये दिखलाया था ,
सच में बहुत मजा आया था,
बहुत मजा आया था ।।
जब कपड़ों की आवाज आई,
फिर से पलकें झपकाई,
चादर, पेंट-शर्ट जब मैंने चमकाई,
फिर एक हैरत वाली बात हुई,
हाँ जी! हाँ जी! करते हम सब भूल गए,
हुआ पछतावा जब पता चला,
धुले हुए भी धुल गए,
पर, कपड़ों ने जब मुझे बुलाया था,
हाँ जी! हाँ जी! करते जब,
करतब मैंने ये दिखलाया था ,
सच में मजा तो बहुत आया था,
मजा तो बहुत आया था।।

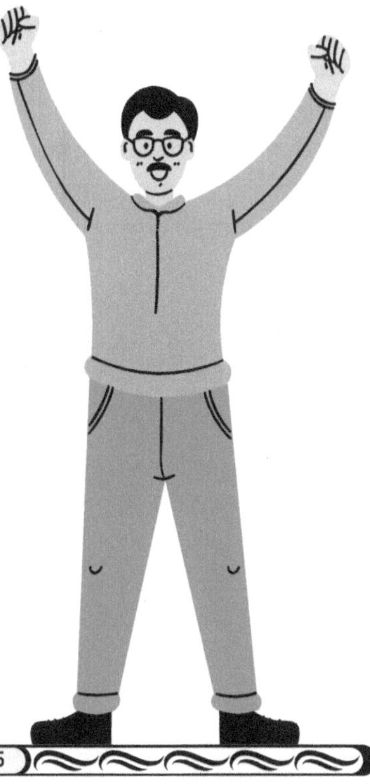

दशहरा

मनदीप सिंह
(पता :- पंचकूला, हरियाणा)

अपने कंधों पर उठा कर बोझ,
हर कोई पता नहीं कहाँ चला जा रहा है ?
मुझे तो ऐसा लगता है कि आज
रावण को रावण ही जला रहा है ।

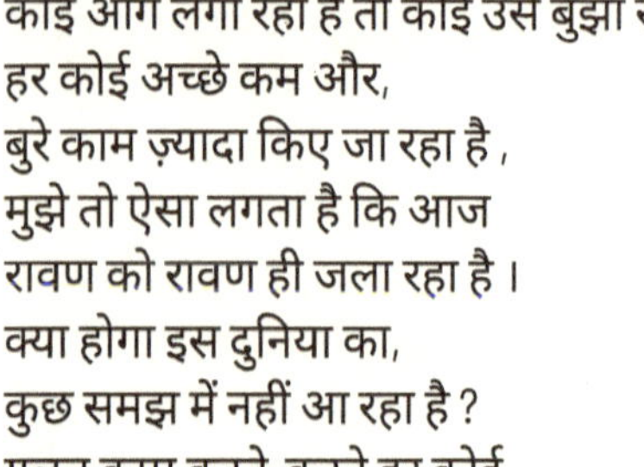

एक सुंदर-सा फूल इतना क्यों मुरझा रहा है ?
कोई आग लगा रहा है तो कोई उसे बुझा रहा है ,
हर कोई अच्छे कम और,
बुरे काम ज़्यादा किए जा रहा है ,
मुझे तो ऐसा लगता है कि आज
रावण को रावण ही जला रहा है ।
क्या होगा इस दुनिया का,
कुछ समझ में नहीं आ रहा है ?
ग़लत काम करते-करते हर कोई,
क्यों इतना मुस्कुरा रहा है ?
सच में आज तो ऐसा लगता है कि
जैसे रावण ही रावण को जला रहा है ।
रावण ही रावण को जला रहा है ।।

कभी ये दिन भी आए थे...

मनदीप सिंह
(पता :- पंचकूला, हरियाणा)

घर पर रहना,
सब कुछ सहना,
ये पल भी कभी बिताए थे,
याद रहेंगे हमें हमेशा,
कभी ये दिन भी आए थे,
कभी ये दिन भी आए थे।

नहीं गए हम कई दिनों तक (काम पर),
सब काम घर से ही निपटाए थे,
परेशान हुए हम उन दिनों में,
जो दिन लॉकडाउन में बिताए थे,
याद रहेंगे हमें हमेशा ,
कभी ये दिन भी आए थे ,
कभी ये दिन भी आए थे।

अब तो चल रहा वक्त बुरा ,
कब तक हमें ये सताएगा ,
बैठे हैं हम घरों मे अपने ,
अच्छा वक्त पता नहीं कब आएगा।

बैठे-बैठे घर में अपने ,
हमने बहुत आराम किया,
जो नहीं किया था हमने कभी ,
घर रहकर वो भी काम किया ,
देख के संसार की हालत ,
दिल सब के घबराए थे,
याद रहेंगे हमे हमेशा ,
कभी ये दिन भी आए थे
कभी ये दिन भी आए थे ।।

कुदरत अपने रंग में है

मनदीप सिंह
(पता :- पंचकूला, हरियाणा)

मान गया ऐ कुदरत तुझको
अब सब तेरे संग में है,
नहीं चल रहा ज़ोर किसी का
आज कल तू अपने रंग में है ।

कोई गया नहीं घर अपने
उसकी भी कोई मजबूरी होगी !
नहीं मिल रहा खाना उसको,
कोशिश तो उसकी भी पूरी होगी ।

कोई जाता बिना काम के
किसी का जाना मजबूरी है !
कोई कहता बाहर ले चलो
बाहर बगैर जिंदगी अधूरी है।

नहीं कल्पना थी जिसकी
वो होता मैंने देखा है ,
जो चलता था दिन रात सदा ,
वो अपने घरों मे सोता है।

बस कर कहना बार-बार ,
बहुत मजा तो आता जंग मे है ,
अब बैठ घर अपने आराम से ,
कुदरत अपने रंग में है ।
कुदरत अपने रंग में है ।।

आई बरखा ऋतु मतवाली

तुलसीराम 'राजस्थानी'
(पता :- नावां सिटी, राजस्थान)

छाई चारों तरफ खुशहाली,
आई बरखा ऋतु मतवाली ।।

अम्बर प्रेमरस टपकावे,
जिया में विरहा अगन लगावे,
बदरिया बरसे काली-काली,
आई बरखा ऋतु मतवाली ।।

कोयल बोले मिसरी बोल,
मोरया बागां करे किलोल,
प्रकृति नाच रही नखराली,
आई बरखा ऋतु मतवाली ।।

फूलड़ा हरख-हरख,
मुस्कावे,भंवरा कली-कली मंडरावे,
खुशियां टपके डाली-डाली,
आई बरखा ऋतु मतवाली ।।

फसलें लहर-लहर लहरावे,
धरती झूम-झूम कर गावे,
गगन में छाई घटा निराली,
आई बरखा ऋतु मतवाली ।।

घर-घर हो रहे मंगलाचार,
सारे नाच रहे नर-नार,
खुशियां बंट'री भर-भर थाली,
आई बरखा ऋतु मतवाली ।।

अकेला बागबान

मंदार गांगल "मानस"
(पता :- सांगली, महाराष्ट्र)

सूना-सूना है पड़ा आँगन ये मेरा
छीना-छीना सा है दिल जो मेरा
सूनी-सूनी है लागे बगिया ये मेरी
छीनी-छीनी सी है खुशियाँ जो मेरी।।१।।

सूनी-सूनी है पड़ी छत जो मेरी
खाली-खाली सा है जीवन जो मेरा
सूनी-सूनी है लागे बाते ये मेरी
छीनी-छीनी सी है सौगाते जो मेरी।।२।।

जीना, जीना वो है कैसा ये मेरा
खाली, खालीपन रह गया अकेला
उड़-उड़ गए जो पंछी यह डाल मेरी
कोठी-कोठी करते रह गया अकेला।।३।।

सूना-सूना है पड़ा रातों का अँधेरा
छीनी-छीनी सी ख्वाबों की दुनिया मेरी
सूनी-सूनी सी है फूलों की डालियाँ मेरी
छीनी-छीनी है कैसी बागबानी ये मेरी।।४।।

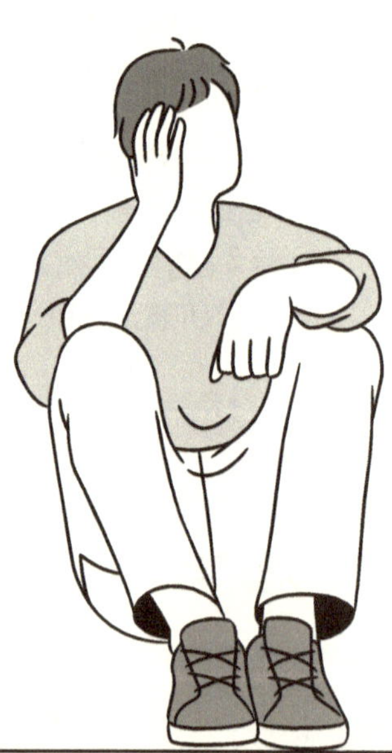

इंद्रधनुष प्यार का

मंदार गांगल "मानस"
(पता :- सांगली, महाराष्ट्र)

सतरंगी रे, इंद्रधनुषी प्यार तेरा, सतरंगी रे।।

सात रंग जो इसमें समाए
हर रंग अपनी गाथा सुनाए
माने तो वो प्यार बताए
न जाने तो वो रंग कहलाए।।

लाल रंग सबसे ऊपर आए
किसी दूसरे में ये मिल न पाए
अपना वज़ूद ये खुद बतलाए
ऊर्जा, काम, सौभाग्य दर्शाए
गहरे प्यार का ये प्रतीक बन जाए।।

नारंगी दूसरे स्थान पर आए
सभी रंगों को संतुलित कर जाए
सूरज की पहली किरण में समाए
शालीनता और खुशी को दर्शाए
सफल प्यार में गीत जो गाए।।

तीसरे स्थान पर पीला जो आए
रचनात्मक क्षमता विकसित कर जाए
धर्मशास्त्र में ये सम्मान पाए
डर, निराशा को संतुलित बनाए
प्यार में आत्मविश्वास को बढ़ाए।।

हरा रंग चौथे स्थान पर आए
मनोभावों का प्रतीक जो कहलाए
प्रकृति को ये दर्शाए
स्फूर्ति और शांति ये मन में लाए
स्थिर बुद्धि प्यार में करवाए।।

पाँचवे स्थान पर नीला रंग आए
मनोविज्ञान में ये प्रतिभा दिखाए
शौर्य और धीरता का प्रतीक कहलाए
नम्रता, धैर्य और न्याय ये दर्शाए
प्यार में समझदारी ये सिखलाए।।

छठे स्थान पर जामुनी रंग आए
निडरता और वफादारी समझाए
प्यार के सबसे कठिन गुण गाए
इनके बिना प्यार अधूरा ही रह जाए।।

अंतिम स्थान पर बैंगनी रंग आए
तुलना इसकी बैंगन से न की जाए
मनुष्यता और आध्यात्मिकता दर्शाए
आत्मत्याग तथा विवेक जो बताए
प्यार में बहुत ये काम में आए।।

इंद्रधनुष के सतरंग बहुत कुछ कह जाए
हमें तो बस इसके गहन अर्थ लग जाए
वरना प्यार की कश्ती में डुबकी लगाए
हाथ में अपने कभी कुछ ना पाए।।

सतरंगी रे, इंद्रधनुषी प्यार तेरा,सतरंगी रे।।

माटी की संतान 'किसान'

मंदार गांगल "मानस"
(पता :- सांगली, महाराष्ट्र)

सृष्टि की आन लिया वो किसान
समृद्धि का भार लिया वो किसान
पेट की भूख पहचान लिया वो किसान
राष्ट्रहित में समर्पित हुआ वो किसान।।१।।

निसर्ग की मार झेल रहा वो किसान
विपरित परिस्थितियों में डटा रहा वो किसान
खेत जोतने खुद लगा वो किसान
हालात पे विजय पा ले वो किसान।।२।।

मिट्टी से प्यार करे वो किसान
कीचड़ से बदन सने वो किसान
बीजांकुर से प्रफुल्लित हो वो किसान
पुत्रवत पालन करे वो किसान।।३।।

मिट्टी की संतान हैं ये किसान
सबका पालनकर्ता है ये किसान
सही में राष्ट्र को बढ़ाता है ये किसान
"मानस" कहे इसे पृथ्वी पर का भगवान।।४।।

कुल्फत

मंदार गांगल "मानस"
(पता :- सांगली, महाराष्ट्र)

रस्म ए उल्फत को निभाए कैसे
कुल्फत इतने की बचाए कैसे।।

रंजिशे इतनी की निभाए कैसे
हाल ए दिल किसको बताए कैसे

दुश्वर होता जीना निभाए कैसे
रस्म ए उल्फत को निभाए कैसे।।१।।

मैकशी में दिल लुभाए कैसे
साकी को पैमाने से भुलाए कैसे

इश्क़ मोहब्बत में रिझाए कैसे
महबूब को यादों से मिटाए कैसे

जिंदगी कुल्फतो का सामान है जैसे
रस्म ए उल्फत को निभाए कैसे।।२।।

खंजर खोपे पीठ में दुश्मनों जैसे
दोस्तों का वो हुजूम आया कैसे

दोस्तों ही की हमसे बेवफाई कैसे
महबूब ने भी छोड़ दिया आवारा जैसे

"मानस" यह जिंदगी कुल्फत भरी जैसे
रस्म ए उल्फत को निभाए कैसे।।३।।

जीवन है अनमोल रत्न

शिखा सक्सेना
(पता :- दिल्ली)

जीवन है अनमोल रत्न,
इसे यूँ न गँवाना।
हर पल में है खुशी छुपी,
इसे जी भर अपनाना।
सपनों को रंगों से भर,
आकाश की ओर है उड़ना।
हर कदम पर सीख मिले,
आगे ही बढ़ते रहना।
संघर्षों के इस सफर में ,
कठिनाइयाँ भी हैं आती।
पर न हारो, न रुको,
ये ही सच्ची बाती।
जीवन की इस धारा में,
बहते चलो निरंतर।
आसमान को छूने का,
हो अपना हर इक मंज़र।
स्वार्थी दुनिया में भी,
प्यार बाँटते रहो।
अनमोल है ये ज़िंदगी,
यूँ ही मत खोते रहो।
संस्कारों से सजाकर,
इस जीवन को सँवारो।
हर खुशी को जी भरकर,
सुंदर सपना साकार करो।
जीवन है अनमोल रत्न,
इसे सजाना-सँवारना।
हर पल में है रोशनी,
इसे हृदय से निहारना।

कलम

गायत्री पटेल
(पता :- बिलासपुर, छत्तीसगढ़)

टेबल पर रखी कलम फड़फड़ा रहीं थी,
अपनी आकुलता उद्घाटित कर ,
आँखों की कालोंच पन्नों में बिखरा रही थी ।

टेबल पर रखी कलम मुस्कुरा रही थी ,
दुल्हन के पैरों की नुपूर,
माथे का सिंदूर,
बिंदी से सजा रही थी ।

टेबल पर रखी कलम लहरा रही थी ,
भूख से व्याकुल बच्चे की आंतों को ,
बारिश और ठंड से ठिठुरते नंगे तन को ,
अपने आँचल से ओढ़ा रही थी ।

टेबल पर रखी कलम अपनी व्यथा सुना रही थी ,
किसी जज के हाथों में पड़ कर,
जिंदगी खत्म करने की ,
किसी साहूकार के हाथों में पड़ कर ,
गरीब कुटिया को ढहाने का,
वृत्तांत कह रही थी ।

टेबल पर रखी कलम विवशता जता रही थी ,
मजदूरनी स्त्री को सिर आँखों में बैठा कर,
चिथड़े कपड़ों से झांकते तन को ,
धूल और छाले से भरे पैरों को सहला रही थी ।

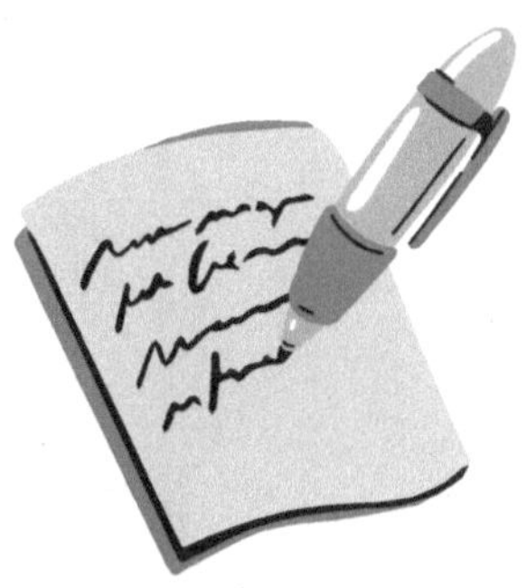

बीती कहानी याद आई

संजय कुमार राव
(पता :- गोरखपुर, उत्तर प्रदेश)

तुमको देखा तो जवानी याद आई।
फिर से वो बीती कहानी याद आई।

संग में सपने बुने थे देख जिसको,
लहरों की चंचल रवानी याद आई।

सोचकर जिसको लिखे थे गीत मैंने,
वो सखी सुन्दर सयानी याद आई।

'तमसो मा ज्योतिर्गमय' की साधना ले,
दीपमालाएँ सजानी याद आई।

'शरद पूनम' की निराली रात 'संजय',
कृष्ण की राधा दीवानी याद आई।

रामलीला

संजय कुमार राव
(पता :- गोरखपुर, उत्तर प्रदेश)

॥१॥ [बाल्य काल]
घुटरुन चलत भवन रघुराई। हर्षित निरखि कौशिला माई ॥
भरत लखन शत्रुघ्न सुजाना। विहँसि विलोकति भूप बखाना ॥

॥२॥ [विवाह]
उठे राम अरु किया प्रनामा। पल में धनुष उठाया थामा ॥
खैंचि हाथ प्रत्यंचा जबहीं। टूटा धनुष अचानक तबहीं ॥

॥३॥ [वन-प्रस्थान]
वचन हारि दशरथ भूपाला। कठिन समय विकराल कराला ॥
आज्ञा दिए राम-वनवासा। चौदह बरस बितावहुँ जासा ॥

॥४॥ [सीता-हरण]
देखि स्वर्ण मृग लखन पठावा। साधु वेश धरि रावण आवा ॥
दान हेतु जब सीता आई। छल से हर राक्षस लै जाई ॥

॥५॥ [राम-रावण युद्ध]
वानर सेना लै रघुराई। युद्ध भयंकर लंका ढाई ॥
भाँति-भाँति कै अतुलित जोधा। सकहिं न चूक लगावहिं बोधा ॥

॥६॥ [राम की रावण पर विजय]
नाभि लक्ष्य कर मारा बाना। लंकापति के निकले प्राना ॥
जय जय जय रघुवीर दुहाई। सुर नर मुनि सब अति हरषाई ॥

क्या पता फिर

लगा लूँ सीने से तुझे फिर से एक दफा...
क्या पता ये दिल फिर से धड़के न धड़के...

चूम लूँ तेरे माथे को फिर से एक दफा...
क्या पता फिर हम मिले न मिले...

आज इतने खामोश क्यों हो फिर से बात क्यों नहीं करते...
क्या पता फिर ये आवाज़ हम सुने न सुने...

देख लूँ तेरे चेहरे को जी भर के...
क्या पता फिर तुम मुझे दिखो या न दिखो...

बिता लूँ यह वक्त जी भरकर...
क्या पता फिर यह वक्त रहे न रहे...

कर लूँ कैद तेरी मुस्कराहट को अपनी आँखों में...
क्या पता फिर ये आँखें फिर रहे न रहे...

कर लूँ बातें जी भरकर तेरे साथ...
क्या पता फिर कहानियाँ रहे न रहे...

देख लूँ एक दफा फिर से मुड़कर तुझे...
क्या पता फिर ये साँसें चले न चले...!

अच्युत उमर्जी
(पता :- पुणे, महाराष्ट्र)

मन से

अच्युत उमर्जी
(पता :- पुणे, महाराष्ट्र)

हर क्षण लगता है...
तुम्हारा साथ रहें...
तुम्हें देखता रहूँ एकटक...
मन भरने तक...
हाथों में हाथ लिए...
दूर तक चलते रहें...
क्षितिज तक साथ चलते रहें...
मानो सागर और नदी का संगम हो...
एकरूप होना चाहता हूँ तुम में...
जग में तुम ही तो हो मेरी...
यह सिर्फ प्रेम नहीं...
प्रेम में मित्रता छलकती है...
यह तुम्हें बतलाना चाहता हूँ...
सच कहूँ...
चाहता तो यह हूँ की...
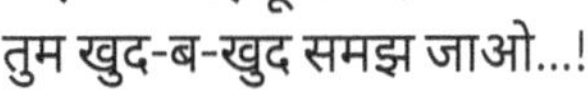
तुम खुद-ब-खुद समझ जाओ...!

सपने

अच्युत उमर्जी
(पता :- पुणे, महाराष्ट्र)

सपने तो हर कोई देखता है..
पर मेरे सपने की वो...
बात ही कुछ और है...

प्रेम तो हर कोई करता है...
पर मुझसे प्रेम करने वाली वह...
बात ही कुछ और है...

हाथों में हाथ हर कोई पकड़ता है...
पर मेरी वाली हाथ पकड़कर संभालती है...
वो कुछ और ही है...

जाँघों पर सर हर कोई रखता है...
प्रेम से सर पर उँगलियाँ घुमाने वाली...
वो कुछ और ही है...

बाहों में तो हर कोई लेता है...
मिस करती हूँ तुझे बोलकर रोने वाली...
वो कुछ और ही है...

गुस्सा तो हर कोई करता है...
मुझपर गुस्सा कर...
प्रेम से गले लगाने वाली...
वो कुछ और ही है...

कागज़

अच्युत उमर्जी
(पता :- पुणे, महाराष्ट्र)

मुझे तुम से मोहब्बत है...
एक कागज़ पर हो इस तरह...
एक ऐसा कागज़...
जो बिल्कुल कोरा कागज़ हो...
जिस पर तुम...
तुम्हारी भावना लिख सकती हो...
तुम्हारा गुस्से का इज़हार कर सकती हो...
तुम्हारे आँखों पर आये आँसू पोंछ सकती हो...
सिर्फ...
इस्तेमाल कर के उसे फेंक मत देना...
क्योंकि मैं...
कागज़ के रूप में...
सदैव तुम्हारे संग रहना चाहता हूँ...
हाँ...पर...
ठंड के दिनों में...
मुझे तुम जला जरूर सकती हो...!

पसंद

अच्युत उमर्जी
(पता :- पुणे, महाराष्ट्र)

पसंद हो तुम, मेरे हर क्षण की...
हर याद में हो तुम...।।

पसंद हो तुम, तुम्हारा साथ...
पसंद है, तुम से मोहब्बत करना...।।

पसंद हो मुझे और मेरे मन को...
बिन तेरे, मन बेचैन है, उदास है...।।

पसंद आयी मुझे वो व्यक्ति हो तुम...
दिल से मोहब्बत की है तुमसे...।।

पसंद है वो हर पल तुम संग बिताए हैं...
याद आते ही चेहरे पर मुस्कुराहट आ जाती है...।।

पसंद है मुझे तेरा साथ...
साथ कभी न छोड़ना...।।

पसंद है मुझे तेरी चहल-पहल...
संग रहो तुम और यह चहल-पहल...।।

पसंद हो मुझे तुम और तुम्हें मैं...
आओ सपने पुरे करें हम दोनों...।।

बुलेट

अच्युत उमर्जी
(पता :- पुणे, महाराष्ट्र)

तुमने नयी बुलेट खरीदी...
उस बुलेट पर अकेले बैठते हो...
मुझे जलाते हो...
बुलेट की मैं दुश्मन बन चुकी हूँ...।।

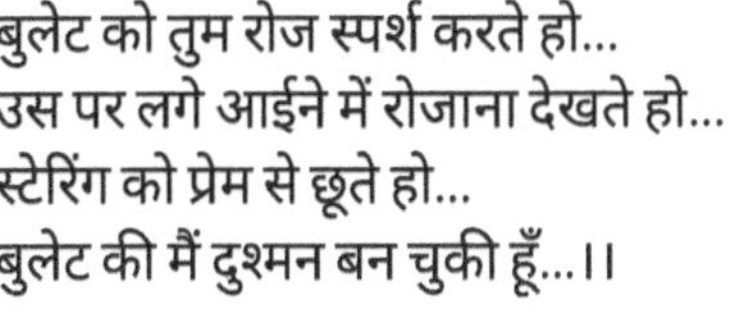

बुलेट को तुम रोज स्पर्श करते हो...
उस पर लगे आईने में रोजाना देखते हो...
स्टेरिंग को प्रेम से छूते हो...
बुलेट की मैं दुश्मन बन चुकी हूँ...।।

बुलेट के सीट को मस्ती चढ़ी है...
उसे गर्व है कि तुम उस पर बैठते हो...
अलग-अलग तरह से उस पर बैठते हो...
बुलेट की मैं दुश्मन बन चुकी हूँ...।।

बुलेट को किक से स्टार्ट करते हो...
दिल की धड़कनें तेज हो जाती हैं...
तुम दोनों की साँसें एक हो जाती हैं...
बुलेट की मैं दुश्मन बन चुकी हूँ...।।

बुलेट के संग दूर तक जाते हो...
मुझे संग नहीं ले जाते हो...
बार-बार मुझे जलाते हो...
बुलेट की मैं दुश्मन बन चुकी हूँ...।।

बिरयानी पकेगी आज

नौशाद अहमद सिद्दीकी
(पता :- भिलाई तीन, दुर्ग, छत्तीसगढ़)

चीनी नमक के दर पे डलवा दिया गया,
झगड़ा मियां से बीवी में करवा दिया गया।

बीवी को उसकी बेहद साड़ी पसंद थी,
सलवार सूट लेकिन बनवा दिया गया।

दावत दी कहके ये कि बिरयानी पकेगी आज,
बथुआ का साग लेकिन बनवा दिया गया।

बेदांत के हो लल्लू खाओगे किस तरह,
हलुआ तुम्हारे वास्ते पकवा दिया गया।

कागज पे मुद्दई का नामों निशां नहीं है,
लेकिन जमीं पे कब्जा तो करवा दिया गया।

इल्ज़ाम समुंदर ने खुद पर नहीं लिया,
डूबा जो किनारे उसे पहुँचवा दिया गया।

दुनिया है तंग आजकल आतंकवाद से,
दुनियां में आतंक भला किस लिए फैलवा दिया गया।

उनको ख़बर थी शायद ओले पड़ेंगे कल,
सर को हमारे रात में मुड़वा दिया गया।

ये मसअला तो मसअले कश्मीर नहीं था,
आसां था मसला जिसे उलझवा दिया गया।

"नौशाद" जिम्मेदारी से आज़ाद हम हुए,
बेटे को कारोबार में लगवा दिया गया।

शाखों पे है पत्ता जब तक

नौशाद अहमद सिद्दीकी
(पता :- भिलाई तीन, दुर्ग, छत्तीसगढ़)

बीवी के तकाजे को न समझा जब तक,
माहोल कशीदा रहा घर का जब तक ।

दरवाजा लगाने की ज़रूरत क्या है,
मौजूद है दरवाजे पे कुत्ता जब तक ।

इस्मत सरे बाज़ार न होगी रुसवा,
आँचल है तेरे सर पे हया की जब तक ।

हरगिज़ नहीं घोड़ी पे बिठाना उसको,
कुछ काम का बन जाए न बेटा जब तक ।

दीवाना समझती रही दुनिया मुझको,
मजनूं से मुशाबह रहा हुलिया जब तक ।

पैसों की कमी मुझको सताए क्यों कर,
सुसराल से मिलता है खज़ाना जब तक ।

उस पेड़ को भूले से न काटो "नौशाद",
जिस पेड़ की शाखों पे हैं पत्ता जब तक ।

बढ़ता भारत

आकांक्षा अग्रवाल
(पता :- शालीमार बाग, दिल्ली)

बढ़ता भारत, सपनों का संसार,
नए युग की ओर बढ़ता, नए विचारों की बहार।

हर गली में रोशनी, हर दिल में उमंग है ,
आसमान छूने का, आज हर किसी में दम है।

खेतों में हरियाली, शहरों में विकास,
हर हाथ में रोज़गार, यही है नया प्रयास।

नवयुवकों में जोश, नारी में नई उड़ान,
आत्मनिर्भर भारत का यही तो है अभिमान।

शिक्षा का उजाला, विज्ञान का आधार,
विश्व में चमके, अपना भारत साकार ।

तकनीक का संगम, विज्ञान का विस्तार ,
नवीन सोच के संग, कर रहा भारत प्रगति अपार।

भ्रष्टाचार से लड़ाई, स्वच्छता का अभियान,
स्वदेशी अपनाकर, बढ़ रहा आत्मनिर्भर हिंदुस्तान।

नया भारत, एकता की मिसाल ,
सपनों का संसार, हौसलों का कमाल।

आओ मिलकर एकता बढ़ाएँ, एक नई उम्मीद,
हर दिल में बस यही अरमान, बढ़ता रहे हमारा प्यारा हिंदुस्तान।

दिवाली

कनिका ठाकुर
(पता :- मोरनी हिल्स, हरियाणा)

जगमग-जगमग दीप जले,
चारों ओर रौनक है आई,
बच्चों के मन में खुशियाँ लाई,
दिवाली आई दिवाली आई।

आई देखो दिवाली आई ,
नये-नये कपड़े भी आए ,
ढेर सारी मिठाई भी आई,
सबने बैठकर खूब खाई ।

ऐसा आए दिवाली का त्योहार,
सबके मन में प्यार जगाए,
चारों ओर रोशनी छाए ,
दीपों से सब घर जगमगाए ।

दिवाली से पहले शामत आई,
घर-घर हुई खूब सफाई,
कमर हमारी टूट गई,
जोर दर्द से हाय रे भाई ।

लक्ष्मी माँ की पूजन होए ,
पटाखों से ये त्यौहार मने,
घर-घर रंगोली भी बनाई जाए ,
घर की साज-सजा हो जाए ।

अमावस्या की अंधेरी रात में,
आज जगमग चाँदनी है छायी ,
अयोध्या वापिस लौटे थे आज,
संग श्रीराम जानकी माई।

आओ! दीवाली मनाएँ

वेद प्रकाश दिवाकर
(पता :- पासीद, सक्ती, छत्तीसगढ़)

आओ! दीवाली मनाएँ,
आओ! दीवाली मनाएँ।
खुशियों से भरा हो आँगन,
एक दीपक ऐसा जलाएँ।।
आओ! दीवाली मनाएँ...

बाग - बगीचे खिले फूलों से,
और खुशबू महकाए ।
पुलकित हो धरती का तन,
एक दीपक ऐसा जलाएँ।।
आओ! दीवाली मनाएँ...

भूखा न हो कहीं कोई,
वह भाव हर दिल में जगाएँ।
हरे संताप दीन - दुखियों का,
एक दीपक ऐसा जलाएँ।।
आओ! दीवाली मनाएँ...

दमके अपना घर आँगन,
और तन- मन निर्मल हो जाए।
भाईचारा बसे हर दिल में,
एक दीपक ऐसा जलाएँ।।
आओ! दीवाली मनाएँ...

सुख - दुख में सब साथ खड़े हो,
वह संबल हम बन जाए।
अपनेपन की भाषाओं का,
दीपक ऐसा जलाएँ।।
आओ! दीवाली मनाएँ...

झोपड़ी में भी हो उजाला ,
रहमत ऐसी बरसाएँ,
खुशियाँ दमके हर घर में,
एक दीपक ऐसा जलाएँ।।
आओ! दीवाली मनाएँ...

ऊँच - नीच और जात - धर्म के,
द्वंद्व को जड़ से मिटाएँ ।
मानवीयता से रोशन हो जग,
वह दीपक हम बन जाएँ।।
आओ! दीवाली मनाएँ...

रंग - रूप और भाषाओं की,
बाधा कभी न आए।
इंसानियत का नाता हो सबसे,
ऐसा दीपक हम बन जाएँ।।
आओ! दीवाली मनाएँ...

रंज मात्र भी कसक न रहे,
ऐसी भाव उज्ज्वल कर जाएँ।
हरदम चमके स्नेह दिलों में,

वह कारक हम बन जाएँ।।
आओ! दीवाली मनाएँ...

ज़र्रा - ज़र्रा कहे कहानी,
ऐसे वतन को हम बनाएँ।
हिंदू, मुस्लिम, सिख, ईसाई;
मिल कर दीप जलाएँ।।
आओ! दीवाली मनाएँ...

कोई राम, रहीम, गोविंद बने,
तालीम ऐसी दे जाएँ।
साथ बुद्ध, ईशु, नानक भी हों,
वह राग अमर कर जाएँ।।
आओ! दीवाली मनाएँ...

हो हरण अँधेरे का ,
रोशनी ऐसी बिखराएँ।
जगमग हो अपना चमन,
एक दीपक ऐसा जलाएँ।।
आओ! दीवाली मनाएँ...

तमस तन का हरण करे ,
वह ज्योत परम जलाएँ।
मोह बंधन से मुक्त हो जीवन,
वह अखंड ज्ञान अपनाएँ।।
आओ! दीवाली मनाएँ...

दुआ में सबके राम बसे ,
और आशीष रहीम दे जाएँ।
नानक, मसीह हर दिल में बसे,
एक जोत ऐसी जलाएँ।।
आओ! दीवाली मनाएँ...
आओ! दीवाली मनाएँ ।।

कोई कली मुस्काये तो

डॉ० जय प्रकाश प्रजापति
(पता :- कानपुर,
उत्तर प्रदेश)

अलि जवानी लिए घूमता, कोई कली मुस्काये तो।
काला-काला रूप है इसका, कोई इसे बुलाये तो।।

कितनी सुंदर बागिया ये हैं, सुंदर कलियाँ लहराती।
रंग-बिरंगी कितनी सुंदर ये हैं, देखो कैसे ये बौराती।
भौंरा सोच रहा अपने मन में, कोई हाथ बढ़ाये तो।
मेरे इस रूप-रंग पर , यहाँ कोई कली इठलाये तो।।

यहाँ अलि के रूप-रंग पर, हर कोई हँसी उड़ाता है।
काला रूप देख कर देखो, ये धीरे-धीरे मुस्काता है।
अलि सोच रहा है मन में, कोई राधा मुझे बुलाये तो।
मैं भी तो हूँ कृष्ण सरीखा, कोई भी प्यार दिखाये तो।।

एक कली बोली अलि से, हम सब तेरी ही प्रेयसी हैं।
रूप-रंग भले ही काला हो, हम सब तो राधा जैसी हैं।
तुम ही नित आते मिलने, कोई अपना प्रेम जताये तो।
चाहे कोई कितना काला हो, कृष्ण बनके दिखाये तो।।

कली कभी रूप-रंग न देखे, देखें बस हिम्मत वाला।
कोई उसको ले न जा पाए, होय कृष्ण-सा रखवाला।
लाज बचाये द्रोपती-सा वह, अपनी अक्ल दिखाये तो।
कृष्ण सरीखा प्रेम दिखावे, वह उनसा प्रेम जगाये तो।।

दिन-रात स्वप्न में डूबा, बस तुम पर नजर गड़ाये हूँ।
सुबह उठते चला इधर, मैं तो अपनी बाहें फैलाये हूँ।
मैं निरा अकेला घूम रहा, कोई मुझसे नैन लड़ाये तो।
है बसंत का मौसम आज कल, कोई प्रेम जताये तो।।

अलि जवानी लिए घूमता, कोई कली मुस्काये तो।
काला-काला रूप है इसका, कोई इसे बुलाये तो।।

गढ़ते हैं नित एक नई कहानी

डॉ० जय प्रकाश प्रजापति
(पता :- कानपुर, उत्तर प्रदेश)

झूठ के बादल घिर आये हैं, लगता है अब बरसेगा पानी।
उमड़-घुमड़ कर ये गरज रहे हैं, लगता याद आयेगी नानी।।
चुनावी-दंगल में सब मस्त हुए हैं,कोई न जाने मन की पीड़ा।
अपनी अपनी सब तान हैं ताने,पकड़े अपनी अपनी वीणा।
सुन-सुन कर पक गई है जनता, ये बादल कब तक बरसेंगे।
क्या और दिनों की ही तरह,बस झूठ के बादल ही गरजेंगे ।
झूठ-मूठ की बातें सब करते, देखो किसको मुँह की खानी।
एक थाली के चट्टे-बट्टे सब हैं,गढ़ते ये नित एक नई कहानी।।
कितने साल गुजर गए भईया, बोलो कहाँ गरीबी घट पाई।
अमीर-गरीब की खाई बढ़ गई, बोलो क्या दीवार गिर पाई।
नहीं किसी को चिंता जन की,बस झूठ का शरबत पिलाते।
केवल जब वोट लेना होता है, तब ही अपनी शक्ल दिखाते।
देश पर कर्ज बढ़ता ही जा रहा, कहते ठीक है राजा जानी।
हर पल मौसम बदल रहा है,झूठों की है एक अलग कहानी।।
झूठ सहारे यह देश है चलता, कहते जनता मगन है भैया।
कुछ के हाथों यह देश बिक गया, कुछ माँगते एक रुपैया।
भ्रष्टाचार की जड़े बड़ी मजबूत, कौन इसको रोक पायेगा।
जो इसे रोकने की कोशिश करेगा,वह यमपुर को जायेगा।
नेता इसके ही माहिर खिलाड़ी, कहते सत्ता मेरी ही आनी।
एक बार हो जाऊँ राजा तो, जनता को याद आयेगी नानी।।
झूठ के बादल घिर आये हैं, लगता है अब बरसेगा पानी ।
उमड़-घुमड़ कर ये गरज रहे है,लगता याद आयेगी नानी।।

यह सोच तुम्हारी गन्दी है...

डॉ० जय प्रकाश प्रजापति
(पता :- कानपुर, उत्तर प्रदेश)

यह सोच तुम्हारी गन्दी है, कि यहाँ मेरे बिन कुछ न होगा।
इस धरा की तुम्हीं मालकिन, तुम्हारे अलावा और न होगा।।
लाखों सालों से यह है हरी भरी,दुनिया यूँ ही चलती आई।
एक गया दूसरा आया, यूँ ही जीवन-गाड़ी है चलती आई।
यदि दिन कोई मरता है तो, हर दिन बहुत से जन्म हैं लेते।
यह जगत यूँ चलता रहता है,पता नहीं क्या क्या कर लेते।
अहम में तुम क्यों जीते हो,यूँ क्यों सोचते हो और न होगा।।
यह सोच तुम्हारी गंदी है,...।
ये संसार स्वयम संचालित,अपनी सारी व्यवस्था करता ।
जो जन्मा है उसे मरना है, हर खाली स्थान वह है भरता ।
बिना वजह हम अहम में जीते, अरे ये सोच तुम्हारी गन्दी ।
यहाँ तो जीवों का बजार लगा है, कभी न आती है मन्दी ।
इस ब्रह्मांड में कोई न बचे , चाहे जितना बलशाली होगा ।।
यह सोच तुम्हारी गंदी है,...।
इतना सब कुछ देखा तुमने, फिर भी ये समझ न आये ।
नित-नित शक्तिशाली बन कर, बस अपना गुण ही गाये।
अशोक सम्राट ने त्यागा अहम, फिर वह महान बन बैठे ।
जो ऐंठे वह चले गए, उनका तो दिल हारा था बैठे-बैठे ।
मन को करो एकाग्र, शान्त, तब तुम्हारा कुछ न होगा ।।
यह सोच तुम्हारी गन्दी है, कि यहाँ मेरे बिन कुछ न होगा ।
इस धरा की तुम्हीं मालकिन, तुम्हारे अलावा और न होगा ।।

मन का द्वंद

डॉ० जय प्रकाश प्रजापति
(पता :- कानपुर, उत्तर प्रदेश)

मन में एक द्वंद उठा है,
उससे क्या कह दूँ मैं।
यदि कह दूँ तो क्या कहूँ,
जो मन में है वह कह दूँ क्या ?

कभी मन कहता है -
यह ठीक नही ,
कभी कहता है ,
सब ठीक यही ।

अरे ! मष्तिष्क बता दे तू,
मैं क्या सच सच कह दूँ क्या ?
उसका मंथन कुछ भी हो ,
अपने जज्बातों को कह दूँ क्या ?

मन के सपने सोने नही देते,
और किसी से कहने नही देते ,
कितनी उथल पुथल है जीवन में ,
ये और बहुत सहने नही देते ।

मन करता है कह ही दूँ,
फिर मन करता रहने दूँ,
फिर मन करता सहने दूँ,
समझ नही आता क्या करूँ मैं ,
क्या ये आँसू बहने दूँ ?

अजब द्वंद है मानस पर ,
कह दूँ, या न कह दूँ,
फिर कहता हूँ रहने दूँ,
इस मन को और सहने दूँ ।।

जो कहता है उसे कहने दो

डॉ० जय प्रकाश प्रजापति
(पता :- कानपुर, उत्तर प्रदेश)

जो कहता है उसे कहने दो ।
अपना कर्तव्य निभाओ तुम ।।१।।

यह दुनिया है,कहती रहती ।
अब अपनी राह बनाओ तुम ।।२।।

सबकी अपनी अपनी सोच ।
बस अपनी सोच बनाओ तुम ।।३।।

बात उठी अब जंगल जंगल ।
अपना घर स्वयं बनाओ तुम ।।४।।

दुखियों का दुख दूर करो तुम ।
परोपकार का रूप बनाओ तुम ।।५।।

जीवन कभी सरल नही रहा है ।
अब इसको सफल बनाओ तुम ।।६।।

अब तेरा मेरा छोड़ धरा पर ।
अब सबसे हाथ मिलाओ तुम।।७।।

रिश्तखोर बहुत जगत में हैं ।
बस अपना आदर्श बनाओ तुम ।।८।।

कौन क्या क्या करता रहता है ।
मत सोचो,बस घर सजाओ तुम ।।९।।

जो करके जाओगे धरती पर ।
बस वैसा ही फल पाओगे तुम ।।१०।।

कुछ खूबसूरत रिश्ते

सुनीता थापा
(पता :- सिंहभूम, झारखण्ड)

कुछ रिश्ते सबसे अपने होते है ,
कुछ न माँगते है, न एहसान जताते हैं।
कुछ रिश्ते बहुत खरे होते हैं ,
क्या दिया क्या लिया कोई नाप तौल नहीं,
चाहे प्यार हो नाराजगी हो ,
फिर भी हर हाल में निभाते हैं ।
कुछ रिश्ते इतने खामोश रहते है कि ,
शोर नहीं मचाते अपने होने का ,
पर जब भी दु:ख की घड़ी में
बिन कहे दर्द बाँटते और हौसला देते हैं।
कुछ रिश्ते इतना बड़प्पन के लिए होते है ,
चाहे कितना भी ऊँचा हो खुद का रुतबा ,
सामने वाले का कभी छोटा महसूस नहीं कराते हैं।
कुछ रिश्ते कहने को तो बड़े गैर से होते हैं ,
पर अजनबी भी ढूंढ नहीं पाते है ,
वो अपने को ज्यादा प्यार लुटाते हैं ।
कुछ रिश्ते साथ में नज़र नहीं आते हैं ,
पर इतना रुहानी होते हैं कि
पूरी जिंदगी रुह में बसते हैं ,
साँसों को जीवन देते हैं ।
कुछ रिश्ते..... ऐसे होते हैं ।

मौसम है बहारों का

सियाराम यादव मयंक
(पता :- मधेपुरा, बिहार)

मौसम है बहारों का।
जलते हुए सवालों का।।

कम-बेस तो होता रहता।
असली यही हिसाबों का।।

खाना है कमाना है।
लिख्खा है गरीबों का।।

अलमारी सजाती हैं।
कहते सब किताबों का।।

बनते खुद सवाल अगर।
क्या कहते जवाबों का।।

काँटों में भी जी लेते।
कहते सब गुलाबों का।।

सब कुछ देश को अर्पित।
कहना है अमीरों का।।

निभेगी नहीं ज़िंदगी आपसे अब

सियाराम यादव मयंक
(पता :- मधेपुरा, बिहार)

निभेगी नहीं ज़िंदगी आपसे अब।
मिटेगी नहीं तिश्नगी आपसे अब।।

थका है समय दिल पसीजा नहीं है।
मुहब्बत नहीं बन्दगी आपसे अब।।

चकाचौंध से दोस्ती कर ली जब।
मिलेगी नहीं सादगी आपसे अब।।

किया जान हाजिर मुसीबत घड़ी में।
नहीं माँगना पेशगी आपसे अब।।

अदावत बदलने लगी आशियाना।
मिलेगी नज़र दिल्लगी आपसे अब।।

नहाया सदा खून से खुद बदन को।
मिटेगी नहीं गंदगी आपसे अब।।

दिया छोड़ मझधार किस्ती 'मयंक' ने।
वही तो किनारे लगी आपसे अब।।

खिलायें फूल होंठों पर

सियाराम यादव मयंक
(पता :- मधेपुरा, बिहार)

खिलायें फूल होंठों पर जिसे खिलता नहीं है।
जलायें दीप घर-घर में जहाँ जलता नहीं है।।

बहुत बेचैन मन होता निराशों के चमन में।
मुसीबत की घड़ी में साथ जब मिलता नहीं है।।

कहीं जब आदमी चलता सफर में हो अकेला।
उसे जब मिल गया रहबर कभी खलता नहीं है।।

भुला जाता वही जो साथ रहता है हँसी में।
बुरे दिन में खड़ा होता उसे भूलता नहीं है।।

ख़ुदा का है करम सब पर उसी का नाम होता।
रहेगा जो कहीं होना कभी टलता नहीं है।।

जहाँ बैठा हुआ पतझड़ बना है बागवां खुद।
चमन के फूल भी हँसकर कभी खिलता नहीं हैं।।

चला किसका 'मयंक' आगे कजा के सामने में।
परखता जो समय को हाथ वह मलता नहीं है।।

हकीक़त का सूरज छुपाए हुए हैं

हकीक़त का सूरज छुपाए हुए हैं।
नज़ारे दिखाकर भुलाए हुए हैं।।

बनाते महल झोपड़ी भी नहीं है।
मगर खून अपना सुखाए हुए हैं।।

दिया जो नसीहत नहीं शोरगुल हो।
वही आसमां सर उठाए हुए हैं।।

न आया सनम ढल गई चाँदनी भी।
शमा रात भर वे जलाए हुए हैं।।

नहीं हौसला बात भी कर सकेगा।
सितम की नज़र से सताए हुए हैं।।

नज़र में भरी नफरती विरासत।
नशा जातियों का पिलाए हुए हैं।।

कभी बंजरें थीं जमीं 'मयंक' की।
चमन खूबसूरत सजाए हुए हैं।।

सियाराम यादव मयंक
(पता :- मधेपुरा, बिहार)

छुपाये हुए दिल कसक है अभी तक

सियाराम यादव मयंक
(पता :- मधेपुरा, बिहार)

छुपाये हुए दिल कसक है अभी तक।
असर मयकशी का सनम है अभी तक।।

लिये सात फेरे रहें ज़िंदगी भर।
भले भूल जाएं कसम है अभी तक।।

चली मयकशी रात जी भर पिया था।
खुमारी टुटी पर महक है अभी तक।।

चलायी तुम्हारी नज़र दिल पे खंजर।
मिटा दर्द फिर भी असर है अभी तक।।

गये छोड़ फिर भी मलाल नहीं है।
तुम्हारे लिए ही जिगर है अभी तक।।

कभी शान-शौकत महल राजबाड़ा।
हुऐ टुकड़े हैं खनक है अभी तक।।

हजारों बरस की गुलामी है जकड़ी।
हटेगी जरूर कुछ झिझक है अभी तक।।

चमन का दिल धड़कता है

सियाराम यादव मयंक
(पता :- मधेपुरा, बिहार)

तमाशा देख कर प्यारा चमन का दिल धड़कता है।
सितम के सामने हर पल गुलों का मन दहलता है।।

कली के होंठ की खुशियाँ हुई गायब ख़िजाओं से।
हुआ जब से चमन का बागवां उल्फत दरकता है।।

मुसीबत की हवाओं को बहाना जानता छलिया।
परिंदा भी हकीकत में हिकारत को समझता है।।

चमन की तितलियाँ भी गुनगुनाती हैं नहीं अब तो।
बिठाया हर तरफ पहरा डरों का मय छलकता है।।

दिखाई कुछ नहीं पड़ता उजाला दूर कोसों तक।
शरारत बादलों का देख सूरज भी तड़पता है।।

बहारों ने खिजाओं से मिलाया हाथ है जब से।
हुआ खामोशियों का राज मौसम भी कहरता है।।

निकल पाती नहीं खुशबू लगी बंदिश हवाओं पर।
मुसाफिर की तरह भौंरा 'मयंक' आखिर भटकता है।।

बेगाना-सा लगता है

सियाराम यादव मयंक
(पता :- मधेपुरा, बिहार)

अपना घर भी लोगों को बेगाना - सा लगता है।
सावन में अल्हड़ बादल भी दीवाना-सा लगता है।।

हो जाता जब प्यार किसी को खो जाते चैन सभी।
उल्फत पीछे पागल बन परवाना - लगता है।।

उजड़ा जब सारा जीवन दुख के झंझावातों से।
सुनते सारे दर्दों को अफसाना - सा लगता है।।

रिश्तों की दीवार दड़क जाती जब परिवारों में।
अपना घर भी लोगों को बुतखाना - सा लगता है।।

जब से दस्तक देती मदिरा गाँव मुहल्ला - टोला।
जाम छलकता है घर - घर मयखाना-सा लगता है।।

हीरे - मोती का भी है मोल नहीं पहचान बिना।
बिन कीमत मिलता है जब नज़राना-सा लगता है।।

मन के माफिक जब खुशियों के फूल 'मयंक' खिले।
दुश्मन की बातें भी तब याराना - सा लगता है।।

साथ निभाना तुमने कहा था

सियाराम यादव मयंक
(पता :- मधेपुरा, बिहार)

साथ निभाना तुमने कहा था।
चोली दामन साथ हुआ था।।

साथ जियेंगे साथ मरेंगे।
ऐसा कहकर प्यार किया था।।

बंधन पड़ने से पहले ही।
लैला मजनू प्यार सुना था।।

जान हथेली ले हम दोनों।
लाल कफ़न से माथ सजा था।।

सूरज पश्चिम उग जाये पर।
साथ रहेंगे हाथ मिला था।।

जीवन साथी बनके रहेंगे।
हाथ कलावा मंत्र पढ़ा था।।

आज अलग हमराही दोनों।
लगता मन को मन ही छला था।।

हम याद करते हैं

सियाराम यादव मयंक
(पता :- मधेपुरा, बिहार)

तुम्हारे नाम की माला लिये हम याद करते हैं।
फँसे गम के समन्दर में सनम दिल शाद करते हैं।।

उगे पल्लव खिले कलियाँ चमन तेरे बहारों से।
कभी आये नहीं पतझड़ नयी ईजाद करते हैं।।

तुम्हारी हरकतों में कातिलाना गंध है आती।
सुनाता झूठ की बोली सदा सैयाद करते हैं।।

खिजाओं के कहर आये नहीं तेरे गुलाबों पर।
ख़ुदा का हो करम तुझ पर यही फ़रियाद करते हैं।।

तुम्हारे प्यार की चाहत लिये बैठे हुए कब से।
बनी बंजर ज़मीं को आदमी आबाद करते हैं।।

नज़र को जाम पीने की लगी है लालसा तुझसे।
कभी आये भिखारी को नहीं नाशाद करते हैं।।

ख़ुदा तो है करम-परवर दिये सबको मयंक आभा।
मिले जख्में नहीं तुमको यही इरशाद करते हैं।।

खिड़कियाँ आप की बंद रहती सदा

सियाराम यादव मयंक
(पता :- मधेपुरा, बिहार)

खिड़कियाँ आप की बंद रहती सदा।
इस तरह देखकर लौट जाती हवा।।

किस तरह मिल सकें हम कभी आप से।
आप ही खुद बता दीजिए रास्ता।।

जो मिला कह दिया और से पूछिए।
पूछते - पूछते मुँह मेरा थक गया।।

जब मुलाकात होती नहीं है कभी।
इसलिए आप से बढ़ रहा फासला।।

हैं मुनासिब नहीं और से पूछना।
जान - पहचान है आप से वास्ता।।

ढ़ेर-शिकवे शिकायत हैं दिल में लिए।
बात खुलकर करें हैं बहुत लालसा।।

खुद ही खुद में सिमटने लगे हैं मयंक।
पूछने में कही हो गया हादसा।।

बरसात

घिर-घिर कर जब बादल आए,
साथ में अपने बरखा भी लाए,
अब न ये बड़ी जल्दी जाएँ,
हमें खूब ये नाच नचाएँ।

मन्नत
(पता :- मोरनी हिल्स, हरियाणा)

बदरा आए हरियाली लाएँ,
किसान इसमें खुश हो जाएँ,
पर अगर बारिश तेज हो जाए,
तब तबाही भी वैसी ले आए ।

जब बारिश बड़ी सुहानी आए,
बच्चे-बड़े झूम के नहाएँ,
पर अगर बादल गरज के आएँ,
बच्चे इसमें बहुत सहम जाएँ।

सावन का महीना आए,
घर-घर में खुशियाँ छा जाए,
शिव के भक्त कावड़ ले आएँ,
बड़े चाव से खुशियाँ लेकर आए।

बदरा आए हरियाली छाए,
पेड़-पौधे इसमें खिल जाएँ,
जब-जब भी धुंध आए,
तब-तब अंधेरा छा जाए।

ठंडी में स्कूल

पल्लवी
(पता :- मोरनी हिल्स,
हरियाणा)

स्वेटर-शॉल ओढ़ कर जब,
सब घर में रहना चाहते हैं,
ज्यादा ठंड बढ़ती है जब,
तब भी बच्चे स्कूल जाते हैं।

बीच राह जब ठंडी हवाएँ लगती हैं,
वर्दी की महीन स्वेटर ही सर्दी से बचाती है,
हाथ दोनों रगड़कर चेहरे पर वो लगाते हैं,
कड़ाके की ठंड में बच्चे स्कूल फिर भी जाते हैं ।

पहुँच कर स्कूल में वो ठंड से कंपकंपाते हैं ,
हाथ जोड़कर फिर भी प्रार्थना वो गाते हैं ,
कर प्रार्थना मार चौकड़ी बैठ जाते हैं ,
कितनी भी हो ठंड भयंकर
बात गुरु की मोड़ नहीं पाते हैं ।

कक्षा में जाकर वो फिर खूब शोर मचाते हैं ,
टीचर के आते ही चुप फिर सब हो जाते हैं ,
काम पूरा न हो तो डाँट भी वो खाते हैं ,
अध्यापक के जाते ही फिर से शोर मचाते हैं ।

सारा दिन हँसते-बोलते ,
घर पर जब वो जाते हैं ,
मासूम बच्चे अपनी बातें,
नादानी सब बताते हैं ,
हाँ, इतनी ठंड में स्कूल वो जाते हैं ।।

पापा

रिया ठाकुर
(पता :- मोरनी हिल्स, हरियाणा)

सबसे प्यारे मेरे पापा,
सबसे अच्छे मेरे पापा,
दिल में जोश-खुशियाँ भर दें,
ऐसे हैं मेरे पापा,
सबसे प्यारे मेरे पापा।।

बिन बोले मन की ख्वाहिश,
पूरी करते मेरे पापा,
रहते हँसकर जो मेरे साथ,
ऐसे हैं मेरे पापा,
सबसे प्यारे मेरे पापा।।

रखते ध्यान खजाने जैसा,
दूर न रहने देते खुद से,
सोच मेरे दूर जाने की,
रूला दे उन्हें पलभर में,
हरपल रहें साथ मेरे,
ऐसे हैं मेरे पापा,
सबसे प्यारे मेरे पापा।।

माँगे दस मिलते हैं सौ,
कहते बेटा खुश रहो,
पल में दिल खुश कर दें,
ऐसे हैं मेरे पापा,
सबसे प्यारे मेरे पापा ।।

देते साथ जो हर पल,
दुख न देते किसी भी पल,
कहते मुझे अपनी गुड़िया,
ऐसे हैं मेरे पापा,
सबसे प्यारे मेरे पापा।।

दिवाली

कोमल ठाकुर
(पता :- मोरनी हिल्स, हरियाणा)

दिवाली का त्योहार है आया,
रंग-बिरंगी रोशनी लाया,
हर घर दीप, रंगोली सजी,
पटाखों ने खूब शोर मचाया,
दिवाली का त्योहार है आया,
रंग-बिरंगी रोशनी लाया।

नयी-नयी चीजों का आगमन हुआ,
धनतेरस का उपहार भी आया,
घर में सबके मिठाई आई,
प्रसन्नता का अवसर लाई,
दिवाली का त्योहार है आया,
रंग-बिरंगी रोशनी लाया।

सबने अपना घर चमकाया,
झाड़ू-पोछा खूब लगाया,
घर में नए पकवान बनाये,
सबने मिल-बाँटकर खाये ,
दिवाली का त्योहार है आया ,
रंग-बिरंगी रोशनी लाया ।

समय की धारा

चंचल
(पता :- पंचकूला, हरियाणा)

समय की धारा में,
स्वयं को खोजता हुआ मैं......!
जीवन के अलग-अलग,
पड़ाव से निकल रहा हूँ मैं,
हर कदम नई चुनौतियों,
का सामना करता हुआ मैं...,
नये अनुभव सीखता हुआ,
आगे बढ़ रहा हूँ मैं..!

जीवन के इस पथ पर,
क्या खोया और क्या ही पाया...?
कभी सपनो को पूरा करते,
कभी अपनों से दूर होते...
बस यूँ ही......
अपना जीवन चला पाया...।

सुकून की तलाश में,
एक अद्भुत यात्रा कर रहा हूँ मैं...,
हर मोड़ पर एक नयी खुशी,
हर मोड़ पर एक उम्मीद के साथ...,
जीवन के अर्थ को खोज रहा हूँ मैं...।

आगे बढ़ रहा हूँ,
अपने जीवन पथ पर,
कभी रो कर..कभी मुस्कुरा कर ,
सुकून की तलाश में,
स्वयं को गढ़ रहा हूँ मैं ।।

मौसम है बहारों का

प्रीति चौरसिया गुप्ता
(पता :- भोपाल, मध्य प्रदेश)

मौसम है बहारों का ,
गुलाबी सर्दी की बयारों का ,
ढोल-नगाड़े बजने लगे ,
विवाह के पंडाल सजने लगे ,
प्रकृति की छटा निराली है ,
फूल-फूल से सजी डाली है ,
क्योंकि मौसम है बहारों का ,
गुलाबी सर्दी की बयारों का ।

हरी-भरी सब्जी से बाजार लगने लगे ,
खाने के स्वाद बढ़ने लगे है ,
अनेकानेक व्यंजनों से भोजन का स्वाद भाने लगा ,
जिह्वा मन ही मन मुस्कुराने लगी ,
क्योंकि मौसम है बहारों का ,
गुलाबी सर्दी की बयारों का ।

तरह-तरह के प्रवासी पक्षी ,
की आवाज लुभाने लगी ,
उनका कलरव प्रकृति के गीत गाने लगा ,
क्योंकि मौसम है बहारों का ,
गुलाबी सर्दी की बयारों का ।

स्त्री

प्रीति चौरसिया गुप्ता
(पता :- भोपाल, मध्य प्रदेश)

स्त्री प्यार है,
स्त्री परिवार है,
स्त्री व्यवहार है,
स्त्री संस्कार है,
स्त्री संस्कृति है,
स्त्री आचरण है,
स्त्री परंपरा है,
स्त्री धरोहर है,
स्त्री सरोवर है,
स्त्री घर है,
स्त्री सृजनी है,
स्त्री सहिष्णु है,
स्त्री अर्थ (लक्ष्मी) है,
स्त्री शक्ति है,
स्त्री भक्ति है,
स्त्री मर्यादा है,
स्त्री समता है,
स्त्री ममता है,
स्त्री कोलाहल है,
स्त्री हलाहल है,
स्त्री तिरस्कार भी है,
इसका मान करना चाहिए,
उसे सम्मान देना चाहिए ।।

सनातन धर्म

प्रीति चौरसिया गुप्ता
(पता :- भोपाल, मध्य प्रदेश)

सनातन धर्म है इतना पावन ,
तन-मन शुद्ध और सुंदर आचरण ,
यह धर्म जुड़ाव सिखाता है ,
परिवार संगठित स्नेह और आशीर्वाद दिखाता है,
व्यावहारिकता इसमें कूट-कूट कर भरी है ,
इष्ट के प्रति वंदन अभिनंदन इसके रग-रग में बसा है ,
आदिकाल से इसकी गणनाएं एक विशिष्ट स्थान पाती है ,
वैज्ञानिक तथ्य भी इसमें अपनी सहभागिता दिखलाता है ,
कठोर कर्म और उत्तम अनुशासन ,
इस धर्म की पहचान है ,
इसलिए तो विश्व में इसकी शान है ,
बड़े-छोटे की उपाधि ,
एक-दूसरे को करीब लाता है ,
घर-परिवार स्नेह से सिंचित हो ,
ऐसा माहौल बनाता है,
सनातन धर्म एक प्रेम बिपाशा है ,
हर किसी को इससे जुड़ना,
उसकी अभिलाषा है उसकी अभिलाषा है ।।

मौसम है बहारों का

कशिश नगीनवी
(पता :- कालसी, उत्तराखंड)

ताज़ा खुशबुओं का, रंगीन नज़ारों का,
वाटिका से संगम है, आज बहारों का।

केसरिया फूलों में, सुगंध है चन्दन की,
गुलशन में छाया, मौसम है बहारों का।

गीत, ग़ज़ल, मुक्तक, छंद औ' कविता,
उद्गार समर्पित है,यह रचनाकारों का।

के० बी० के रिसालों की है "कशिश" ऐसी,
बस गया दिल में, हर सफ़ा अशआरों का।

रूक जाना नहीं

कशिश नगीनवी
(पता :- कालसी, उत्तराखंड)

चलते चलते राह में, रूक जाना नहीं,
चुनौतियाँ कितनी हो, घबराना नहीं।

सरल हो जायेगी, राह की दुश्वारियाँ,
मंज़िल करीब है, अभी सुस्ताना नहीं ।

शूल करेंगे मसीहाई, पांव के छालों की,
आह सह लेना, मगर, चिल्लाना नहीं।

चाँदनी में नहा कर खिलखिलाने वाले,
तपती धूप की गर्मी से मुरझाना नहीं।

वक़ार के फूल सहेज रखना "कशिश",
गुरूर की माला मगर, अपनाना नहीं।

मैं पात हूँ तुम्हारे

कशिश नगीनवी
(पता :- कालसी, उत्तराखंड)

पाओगे तुम सफ़र में, मैं कदमात हूँ तुम्हारे,
जीवन के तुम तरू हो, मैं पात हूँ तुम्हारे।

नज़रों से दूर करके दिल से ज़ुदा न करना,
गुज़रे हुए हैं लेकिन दिन-रात हूँ तुम्हारे।

मेरे दिल की खल्वतों में, तुम रम गए हो,
जिसे गा रहा हूँ मैं वो नग्मात हूँ तुम्हारे।

नई राह के मुसाफ़िर ये सोच में रखना,
बोशीदा है "कशिश" पर लम्हात हूँ तुम्हारे।

मौसम है बहारों का

विनीत कुमार मिश्र
(पता :- कानपुर, उत्तर प्रदेश)

मौसम है बहारों का, चारों ओर खुशी है,
हर एक कली हँसती है, हर शाखा नई-सी है।

सूरज की किरणें सुनहरी मुस्कान लाती हैं,
धरती को प्यार से हर सुबह सजाती हैं।

हवा में है ठंडक, फूलों की खुशबू है,
हर पत्ता जैसे कोई नई बात कहता है।

नदियों का संगीत और झरनों की चाल,
प्रकृति के संग है सबका अनोखा हाल।

पंछियों की चहक, दिल को सुकून देती है,
मौसम की ये बहार, हर दिल को रंगती है।

फिर से आ गया है, खुशियों का ये दौर,
उमंगें हैं ताजा, जैसे सपनों का कोई ठौर।

इस प्यारे मौसम में, दिल से जश्न मनाएँ,
प्रकृति का प्यार पाकर, हम नए सपने सजाएँ।

मेरी चाँदनी

स्व० प्रेमशीला विजय प्रताप
कुशवाहा "संगम"
(पता :- कुशीनगर, उत्तर प्रदेश)

पूर्णिमा की रात को
चाँदनी हर्षा गई।

हवा के झोंके को
जलवा दिखा गई।

मेरे महबूबा के
चेहरे से घूँघट हटा गई।

मेरी चाँदनी को देखकर
वह चाँदनी भी शरमा गई।

चाँदनी बोली ख़ुदा ने
मेरे साथ है धोखा किया।

इसको ज़मीं पर भेजकर
हमको है फीका किया।

सवाल कहाँ है

बिनोद कुमार सिंह
(पता :- गोपालगंज, बिहार)

सच ही बोलो फकत अब वो सवाल कहाँ है,
घर में भी अब सच बोले कोई मजाल कहाँ है।

सच बोलने गए थे एक दिन हम महफ़िल में,
वापस आ गए सच सुनने का इंतज़ार कहाँ है।

कुनबा बड़ा है पर दिल ही नहीं मानता कभी,
दो पल कोई साथ बैठे अब कोई सवाल कहाँ है।

मुनहनी दिल था फिर एक दिन सच बोल गए,
दिल तो सबका नासाज़ है कोई बीमार कहाँ है।

रास्तबाज़ी का शौक था अलालत पाल बैठे,
सच बोलता ही नहीं कोई तो गुनहगार कहाँ है।

नकाब है तो क्या आँखें भी तो सच बोलती हैं,
पास बैठे, आँसू पोंछे, अब वो रुमाल कहाँ है।

सच बोलकर भी शायद मिल ही लेंगे ये "बिनोद",
पर कोई अपना, अपना बने वो कमाल कहाँ है।

माँ की देनी

डॉ० सुरेश लाल श्रीवास्तव
(पता :- अम्बेडकरनगर,
उत्तर प्रदेश)

रिश्ते होते हैं जितने जमीं पर,
माँ पिता उनमें हैं सबसे बढ़कर।
जिसको पानी है जीवन सफ़लता,
सुख की बारिश करे इनके ऊपर।।

माँ बदौलत तू दुनिया में आया,
पितु ने जीवन को तेरे सजाया।
हर खुशी तेरी उनकी है देनी,
जिसने रोकर भी तुझको हँसाया।।

गर्भ में तेरा जीवन जो पाली,
कष्ट सहकर जो तुझको संभाली।
उसने ही तेरा जीवन सँवारा,
ज़िन्दगी का तेरे बन के माली।।

जान से ज्यादा चाहे जो तुझको,
सुख से रखना सदा तुम भी उसको।
सारी खुशियाँ तरक़्क़ी भी तेरी,
माँ बदौलत ही मिलती हैं तुझको।।

तनावपूर्ण जीवन

डॉ० सुरेश लाल श्रीवास्तव
(पता :- अम्बेडकरनगर,
उत्तर प्रदेश)

दिन रैन किसी को चैन नहीं,
चिन्ता घेरे सुख साधन की।
धन दौलत की बहु भूख बढ़ी,
सुधि नहीं रहे निज तन मन की।
चाहत से राहत जो न मिले,
जीवन तनाव से बोझिल है।
बढ़ते तनाव के चलते ही,
सुख शांति छिनी मानव मन की।।

मिलता तनाव रहता तनाव,
जीवन के सारे कर्मों में।
उपजा तनाव बढ़ता तनाव,
जन जीवन के व्यवहारों में।
निज हित के सोच विचारों से,
परहितता घायल होती है।
हो चला अपरिमित ये तनाव,
ऐसे में सारे लोगों में।।

प्रेम दया सहयोग भाव की,
जब तक मानव में प्रभुता थी।
तब तक तनाव के भावों की,
लोगों के अन्दर लघुता थी।
खुदगर्ज़ी लोभी भावों की,
बढ़ गई पैठ जब मानव में।
हो गये निराश्रित मूल्य सभी,
जिनकी जीवन में गुणता थी।।

धन दौलत अर्जन सर्जन हित,
अनुचित कर्मों का योग बढ़ा।
बढ़ चला हवस का वृत्ति भाव,
अपराधों का है ग्राफ़ चढ़ा।
हो गई अपाहिज़ मानवता,
नैतिकता नाता तोड़ चली।
भयमान ज़िन्दगी होने से,
सब में तनाव का रोग बढ़ा।।

इंसानियत

डॉ० सुरेश लाल श्रीवास्तव
(पता :- अम्बेडकरनगर,
उत्तर प्रदेश)

ढूंढता इंसान किस भगवान को,
प्राप्त करता क्यों नहीं निज मान को।
दूर खोजे क्यों मुसाफ़िर ईश को,
ख़ुद में क्यों न झाँकता जगदीश को।
छोड़ अपना मूल गुण इंसानियत,
क्यों तवज़्ज़ो दे रहा शैतानियत।
ईश का है अंश जो सब में छिपा,
नेकियों की दृष्टि दे इंसान को।।

प्रेम का परिवेश दूषित क्यों हुआ,
है अधिक मतभेद क्यों जीवन सफ़र।
क्यों नहीं सुख शांति है परिवार में,
और जन को क्यों लगे जीवन ज़हर।
ज़िन्दगी सजती सभी की कर्म से,
नेक नीयत और सच्चे धर्म से।
फ़ासला इंसान का इनसे बढ़ा,
हो चला जीवन इसी से अब ज़हर।।

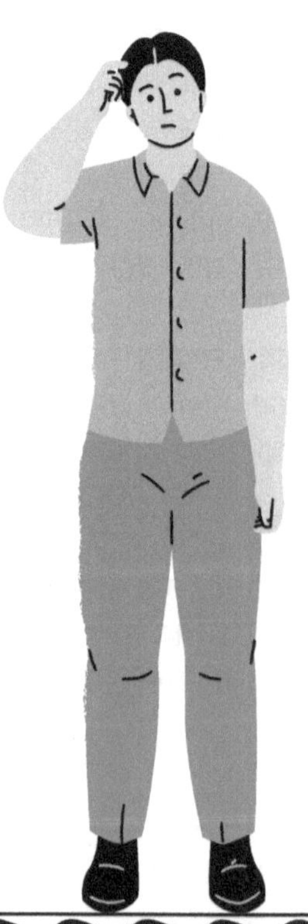

बिनु किये कुछ ज़िन्दगी सुखमय चले,
अंश औरों का उसी के हक़ रहे।
आदमी जब से चला इस राह पर,
रोग जीवन में उसे घेरे रहे।
काश!करता प्रेम जो वह कर्म से,
त्यागमय जीवन सदा सद् धर्म से।
ज़िन्दगी चलती सदा खुशियों भरी,
प्रेमरस परिवार में मृदुमय बहे।।

सद्गुणता

डॉ० सुरेश लाल श्रीवास्तव
(पता :- अम्बेडकरनगर,
उत्तर प्रदेश)

बनते जो भी मीत हैं, दिली प्रेम के रीति।
साथ निभाने की सदा, उनकी रहती नीति।।
जन बंधता है जन्मना, जिन रिश्तों के डोर।
हो जाते कमज़ोर वे, लोभ स्वार्थ के ज़ोर।।
कठिन बहुत है हो चला, परिवारी व्यवहार।
सारे रिश्ते ख़ून के, दिखते हैं लाचार।।
जाति प्रेम में पिस रहा, त्याग प्रेम अरु न्याय।
लोक मूल्य को भी लगी, इसी प्रेम की हाय।।
तज बन्धन जो जाति का, बँधे प्रेम के भाव।
ख़ूनी रिश्तों से अधिक, उसका रहे लगाव।।
मातु पिता वे धन्य हैं, अखिल विश्व के मान।
ज्ञान योग से जो करें, निज सन्तान महान।।
जकड़न जातिवाद की,कर दे घृणित समाज।
बढ़े शत्रुता आपसी, इसी वाद से आज।।
फैला बहुत समाज में, सम्बन्धों का जाल।
किन्तु सभी के बीच में, है बहु प्रेम अकाल।।
जीवन के अवगुणों का, करके काम तमाम।
सद्गुणता संयोग से, करें उसे अभिराम।।
जिसने भी हासिल करी, दुर्गुणता पर जीत।
हो जाते हैं उसी के, सारे सद् गुण मीत।।
नेक गुणों के योग से, करें सबल सन्तान।
जो जीवन रोशन करे, बन अच्छा इन्सान।।
बच्चों को नहीं दीजिये, धन दौलत भण्डार।
सद्गुणता के योग का, कर उनमें आगार।।
गुणी जनों से युक्त जो, कुल समाज अरु देश।
उसके उन्नति अर्थ में, नहीं कभी अंदेश।।

दारू के दोष

डॉ० सुरेश लाल श्रीवास्तव
(पता :- अम्बेडकरनगर,
उत्तर प्रदेश)

आब लुटे जीवन घटे, धन बल हो नुक़सान।
लुट जाता परिवार है, करने से मधुपान।।
जीवन सत्यानाश हो, करके नशा शराब।
इससे घर परिवार की, होवे दशा ख़राब।।
आदत बुरी शराब की, जिसने पाला रोग।
उसके जीवन में कभी,रहे न सुख का योग।।
सुरापान करके गिरा, कोई नाली बीच।
और हो गई वहीं पर, तड़प-तड़प कर मीच।।
उजड़े कहीं सुहाग तो, लुटे किसी का लाल।
बच्चे हुए अनाथ बहु, हाला के ही हाल।।
पी कर लोग शराब को, मरते लाखों लोग।
इसके चलते बहुत को, होते नाना रोग।।
दुर्घटना जो सड़क की, बढ़ती अपरंपार।
है शराब इसके लिए, सबसे ज़िम्मेदार।।
भूमि भवन सब कुछ बिका, दारू के ही अर्थ।
रहा न कुछ भी शेष अब, हुई ज़िंदगी व्यर्थ।।
हुए शराबी बहुत ही, हर समाज के क्षेत्र।
इसके कारण ही बढ़ा, भ्रष्टाचारी नेत्र।।
ऐसे सारे लोग जो, लेते हैं उत्कोच।
हाला प्याला पर चले, उनकी जीवन कोच।।
है लत बुरी शराब की, सब कुछ देय बिगारि।
दारू के ही दोष से, विधवा होतीं नारी।।
चली गई बहु ज़िन्दगी, दारू के व्यवहार।
इसके चलते बहुत से, उजड़ गये परिवार।।
श्रम के बल परिवार जो, सुख से थे आबाद।
वे अब दारू व्यसन से, हुए बहुत बर्बाद।।
दारू सभ्य समाज में, फैलाये बहु रोग।
बढ़ते हर अपराध में, दारू का बहु योग।।
ले प्रभाव में राज को, दूषित किया समाज।
सारे जीवन क्षेत्र में, बढ़ा सुरा का राज।।

कुछ पूरी कुछ अधूरी...

डॉ० आशा शरण
(पता :- खंडवा, मध्य प्रदेश)

कुछ पूरी कुछ रही है अधूरी,
कुछ सिमटी कुछ है बिखरी।
जीवन याद बना कब किसका,
ये तो है कुछ भूली -बिसरी।
कवि क्या उसकी कविता क्या,
यह तो बेघर दर्द की काया है।
जाने किसके सुर किसकी लय,
किसने किसको बहलाया है।
घोर ताण्डव में होकर निर्भय,
जिसने सबका जीवन गाया है।
उखड़ी साँसों में भी जीने की धुन,
तालों को लय में लाया है।

नारी का अस्तित्व

मैं आग हूँ, अंगारा हूँ,
मैं जलती हुई मशाल हूँ ।
जो मेरा अपमान करे,
उसके लिए महाकाली हूँ ।

पुरूष को मैंने जन्म दिया ,
ला दुनिया में खड़ा किया ।
पुरूषों ने ली मेरी अग्नि परीक्षा,
मैंने उनका त्याग किया ।

जुल्म ढाए इसने मुझ पर,
मार-पीट मुझे दुत्कार दिया।
गलत काम ये खुद करते,
मुझे पर्दे से ढक दिया।

धरा के जितनी सहनशील मैं,
नस-नस में प्यार समाया है।
जो कुछ मैंने ठान लिया,
अपने जज़्बे से पाया है ।

मैं ही सीता, मैं ही गार्गी,
मैं ही दामिनी और कल्पना मैं ही हूँ।
मुझमें इतना आक्रोश भरा,
मैं जलती हुई मशाल हूँ ।

गीत भी मैं, संगीत भी मैं,
मैं जीवन की बहार हूँ ।
जीवन रूपी कश्ती की,
मैं ही तो पतवार हूँ ।

दुर्गा देवी "आशा किरण"
(पता :- पानीपत, हरियाणा)

मेरे बिना है फीका जीवन,
न कोई रौनक और खुशहाली है ।
माँ, बहन, बेटी और बहु के रूप में,
न होती कभी बदहाली है ।

मैं ही हूँ जानकी,
तुम अब न मेरा अपमान करो।
सृष्टि रचियता है नारी जग में,
मन से इसका सम्मान करो।

मौसम है बहारों का

ई० अमित तिवारी
(पता :- कानपुर,
उत्तर प्रदेश)

मौसम है बहारों का, सुरभित धरा ने गाया,
व्योम के विस्तृत आँचल में, स्वर्णिम राग समाया।
पवन की मंद मुस्कानें, कानों में फुसफुसाएं,
तरु के सघन वलयों पर, कोमल किरण लहराएं।

हर कली ने सी ली भाषा, पर मुखर सजीव गाथा,
सपनों के रंग लेकर, लिखती नवजीवन की कथा।
सरिता की लहरों में, नर्तन करती है छाया,
अरण्य के निर्जन पथ पर, गूँज उठी मधुमाया।

अंबर ने प्राची से मांगा, नव आलोक का वरदान,
तम को विदा कर गया, जागरण का सुंदर गान।
संसृति के इस नाट्य में, हर क्षण है एक निमंत्रण,
प्रकृति की गोद में पाओ, आत्मा का नूतन स्पंदन।

अवगुंठित भाव खुलते हैं, हर श्वास बने अराधन,
कण-कण में छिपा हुआ, आनंदमय जीवन दर्शन।
मधुर ये पलाश-पत्र, वसंत की अमर कहानी,
हर पग की गूंज में झलके, सृष्टि की चिर यशगानी।

आओ, प्रकृति के संग हम, यह अनुग्रह अपनाएँ,
मौसम है बहारों का, उसमें पूर्ण समा जाएँ।
संधान करें उन पलों का, जो प्राची से झरते हैं,
जीवन के इस महोत्सव में, हम भी पुलकित होते हैं।

हसीन नौकरी

शायर चाँद
(पता :- दरभंगा, बिहार)

कितनी हसीन है तू ऐ नौकरी!
ध्यान से देखा जाए तो,
ग़मों की मशीन है तू ऐ नौकरी!

अपना गाँव छोड़ न जाने कितना,
शहर-शहर भटकी हूँ ,
एक तुझको पाने की चाहत में,
मैं अपनों से दूर हो चुकी हूँ।

तुझको पाने की हसरत में,
मैं मतलबी से मशहूर हो चुकी हूँ।
तेरी तलबगारी में मैं,
कुछ इस कदर मगरूर हो चुकी हूँ।

उम्र भी ढल रही है लोगों के ताने,
अब मुझको खल रहे हैं।
सुन - सुन के ताने मैं जी रही हूँ,
तुझको पाने की आस में,
मैं ये विष पी रही हूँ।

काटने को दौड़ती है
अब ये तन्हाइयाँ मुझको,
तरस क्यूँ नहीं आती
ऐसी हालत देख मेरी तुझको।

हर रोज़ बस ट्रेन के धक्के खाती हूँ,
अपने आप को ही अब
मैं मजबूर नज़र आती हूँ।

तेरे दस हज़ार के लालच में,
न जाने कितने मेरे दसों हज़ार लुट गए।
इस दौर में मुझसे मेरे
न जाने कितने संगी साथी छूट गए।

सच में बड़ी हसीन है तू ऐ नौकरी!
तुझको पाने की आस में
मेरी जवानी ढल रही है।
इतनी कोशिशों के बाद भी
तू मुझको नहीं मिल रही है।

बाबा मेरा है

गोरधन सिंह सोढा 'जहरीला'
(पता :- बाड़मेर, राजस्थान)

मत कहो कि यह धन-बल मेरा है ।
बस कहो कि वो बाबा मेरा है ।।

प्यार करना है इसमें क्या शर्म है ।
मानवता ही सबसे बड़ा धर्म है ।।
बाबा से प्यार करना कर्म तेरा है ।
बस कहो कि वो बाबा मेरा है ।।

प्रेम झरना बहे रोकने से नहीं रूका ।
बाबा नहीं कहता मेरे दरपे सर झुका।।
वैसे कण-कण में बाबा का बसेरा है।
बस कहो कि वो बाबा मेरा है ।।

आखिर जाना है बाबा की आगोश में।
कभी न आये हम क्रोध - रोष में ।।
जाप ओउम् शान्ति करना काम तेरा है ।
बस कहो कि वो बाबा मेरा है ।।

बसंत बहार

लोकनाथ ताण्डेय "मधुर"
(पता :- भंडोरा, छत्तीसगढ़)

मन छेड़े हैं तराना ,
आया मौसम सुहाना ।
प्रकृति की देखो छटा ,
बसंत बहार है ।

पक्षियों का चहकना ,
फूलों का ये महकना।
भौंरे गुनगुना रहे ,
बसंत बहार है ।

बौरे अमुआ की डाली ,
फूल पलसा की लाली ।
तितलियाँ मंडराए ,
बसंत बहार है ।

करे धरती श्रृंगार ,
लाये जग में बहार ।
हवाएँ भी गाए गाना ,
बसंत बहार है ।।

प्रकृति

अमिता मराठे
(पता :- इंदौर, मध्य प्रदेश)

प्रकृति के हर रंगों में,
विचित्र है विधान।
नव पल्लव की शान में,
सुन्दर-सा है वितान।

टेसू के रक्तिम फूल,
आम्र पर मौर।
कुहक ने लगी कोयल,
वन में आई बहार।

ख्याबों की दुनिया को,
चमक मिली अनोखी।
मौसम की शोभा को,
स्नेह से ली भाखी।

हृदय के तारों में,
झंकृत मोहक गीत।
निरन्तर गाते चले,
यही जीवन का मीत।

फागुन की रौनक में,
इन्द्रधनुषी झालर।
सृष्टि के वैभव से,
पुलकित हुआ अंबर।

वसंत की रूह में,
सुगन्धियों का अंबार।
सरसों के फूलों में,
मधुर वास की मुस्कान।

खेत खलिहानों में,
नव यौवन का आभास।
खुशी की मस्ती में,
संतोष ही श्रेष्ठ धन।

मेरा चाँद

अमृत बिसारिया
(पता :- दुबई, सं.अ.अमीरात)

करवा चौथ का व्रत पावन,
सुहागिन का है संकल्प ,
पति की लंबी उम्र की खातिर,
करती वह यह तप ।

चाँद की ओर नज़र उठाए,
सजी-धजी वह सुंदरी ,
प्यासे ओठों से माँगे वरदान ,
अचल रहे पति जन्मों तक।

वैदिक युग से चली आ रही ,
ये परंपरा अनमोल ,
सात जन्मों का प्रेम समर्पण ,
करवा चौथ है अनमोल ।

धन, वैभव, या ऐश्वर्य नहीं ,
बस साथी का साथ चाहिये ,
करवा चौथ के चाँद के संग ,
देखे पति का प्यारा चेहरा ।

मिट्टी के करवे में जल भरकर ,
करती है पूजन मन से ,
अक्षय सौभाग्य की कामना ,
माँ लक्ष्मी की भक्ति से ।

संध्या वेला का वह नजारा ,
सज-धज कर सब नारियाँ आएँ,
करवा चौथ की पावन पूजा ,
सखी-सहेली संग मनाएँ।

चंद्रोदय छलनी से देखे ,
मेरा चाँद मुझे आया है नज़र ,
व्रत की कथा और प्रेम का बंधन ,
बनाता जीवन को स्वर्ग ।

कुछ धूमिल हो रही रीत ये
हमीं हमेशा व्रत क्यों करे ,
प्रेम, त्याग और प्रीति की
डोरी सदा हमीं क्यों संभाले ।

करवा चौथ का व्रत निभाएं ,
क्यों हर साल सहे ये रीत ?
क्या प्रेम का माप यही है ?
त्याग से होती है प्रीत ।

क्यों पति की आयु का बोझ,
नारी ही हर बार उठाए ?
क्या संग जीने का वचन ,
केवल स्त्री ही निभाए ?

यह बंधन अब कमजोर क्यों ?
कहाँ खो गया वो भाव ?
त्याग और समर्पण का अर्थ ,
क्या रह गया केवल दिखाव ?

उन राहों का

अमृत बिसारिया
(पता :- दुबई, सं.अ.अमीरात)

उन राहों का राही मैं नहीं ,
किसी मोड़ पर रुक जाऊँ ,
है दृढ़ संकल्प मजबूत बहुत ,
हिमालय से गंगा ले आऊँ ।

मैं मौत से जीवन खींचता हूँ ,
फिर तुम क्या मुझे डराओगे ?
मैं ठूँठ नहीं किसी वृक्ष का ,
जड़ से रोपित हूँ पृथ्वी में ।

मैं उस माटी का किरदार हूँ ,
जिसमें जीवन मृत्यु समाहित है ,
मैं निर्भर निडर राही पथ का ,
न विचलित होता कंटक से ।

प्यारा-सा खिला गुलाब हूँ मैं ,
धरा सुगंधित करता हूँ ,
कोमलता के संग दृढ़ता पालूं ,
मैं राही अपने मन वाला हूँ ।

मैंने श्रद्धा मनु को देखा है ,
इड़ा पिंगला सहचरी बनी ,
पर मैं न विचलित हुआ ध्येय से ,
मैं कर्मठ यात्री मतवाला हूँ ।

मैं माझी हूँ उस कश्ती का ,
जिसमें कोई पतवार नहीं ,
हिम्मत से दिल भरा हुआ ,
साहिल को ढूँढ ही लेता हूँ ।

भावों में मेरी गंगा-यमुना ,
नित तेज प्रवाहित होता हूँ ,
चंचल थिरकन मन भावों में ,
मैं वेग प्रसारित होता हूँ ।

मैं वृक्ष घने जड़ वाला हूँ ,
रेगिस्तान में भी पलता हूँ ,
जीवन ही नहीं मृत्यु से भी ,
खुद को सिंचित करता हूँ ।

आसान नहीं विध्वंस मेरा ,
इससे याराना रखता हूँ ,
क्या विचलित करोगे तुम मुझको ?
मैं धरा का ठूँठ-सा पेड़ नहीं ।

उषा रानी

अमृत बिसारिया
(पता :- दुबई, सं.अ.अमीरात)

उषा रानी झाँक रही खोल क्षितिज कपाट ,
चारू रत्न से हुआ प्रकाशित देखो घर बार ।
शरद ऋतु हुई गुलाबी चक्षु हुए गुलज़ार ,
प्रातःकाल लगे सुहानी बार बार मनुहार ।

वंदन अभिनंदन करुं मैं,
प्रकृति का आभार ।
जो जीवन आधार है
करे कर्म विस्तार अपार ।
स्मृतियों के सघन घन में
बूंदों के अंबार पर ,
भास्कर हुआ चटकीला
बादल के उस पार ।

चारुरत्न की नवल वधू ने,
कर सोलह श्रृंगार ,
तरुणी झाँकती प्रिय को,
आँचल ओट सम्भाल ।
हुई प्रकृति नूतन अब,
नव किरणें आलस्य दूर करे ,
जगमग हुआ प्रफुल्लित मन
सब काम पर चले ।

रात्रि की कालिमा को,
ऊषा विधि ने समेट लिया ,
कर्म की प्रेरणा प्रकृति से,
ज़्यादा किसने दिया ?
स्वयं कर्म पथ गमन करती हुई
सीख देती है केवल उपदेश नहीं
स्वयं कर्म पथ पर चलती है ।

छोटी शरारतें

अमृत बिसारिया
(पता :- दुबई, सं.अ.अमीरात)

बालसुलभ मस्तियाँ , निश्छल हँसी ,
हर बात में झलके ख़ुशियों की चमक ।

छोटी-छोटी शरारतें प्यारी ,
जैसे तितली की उड़ान निराली ।

कागज की नाव, बारिश का पानी ,
उनमें ढूँढ़े अपनी कहानी ।

गली में दौड़ते, खिलखिलाते ,
हर राह को मुस्कानों से सजाते ।

न चिंता, न डर, बस खुशी का जहाँ ,
बालसुलभ मस्तियाँ, अनमोल अरमान ।

बचपन की ये छोटी शैतानियाँ ,
यादों में रह जाएँ अनमोल कमहानियाँ ।

छोटी-छोटी शैतानियाँ, मन को भाएँ ,
नटखट अदाओं से सबको लुभाएँ ।

चुपके से चुराना मिठाई टॉफियाँ ,
और फिर मासूम चेहरा बनाना ।

पेंसिल छिपाना, किताबें छुपाना ,
दोस्तों संग हँसते-हँसते भाग जाना ।

दीवारों पर रंगों से चित्र बनाना ,
माँ की डाँट में भी खुशियाँ पाना ।

पुरुष

अमृत बिसारिया
(पता :- दुबई,
सं.अ.अमीरात)

हे पुरुष! क्यों भूल गये जज्बातों को ?
निश्चल हँसी खिलखिलाती आवाजों को ?

बच्चों से बेटा बन खुशियों को रोपित करते हो ,
फलों-फूलों माता-पिता संग सुखचैन लेते देते हो।

युवा बने तुम कर्म क्षेत्र में आगे बढ़ते जाते हो ,
फिर क्यों मौन,मस्ती छोड़ गम गले लगाते हो।

जिम्मेदारी से धैर्य साहस आदर दिखलाते हो ,
क्यों हंसना भूल गए मन बोझिल कर जाते हो?

आँखों के कोरे से बह जाने दो दुख की बदरी ,
रोना कोई अभिशाप नहीं स्त्री पुरुष हो कोई ।

राम

भाष्कर बुड़ाकोटी 'निर्झर'
(पता :- पौड़ी गढ़वाल, उत्तराखण्ड)

रमता जो हर जीव में, जिसका घट-घट धाम।
करूँ नमन उस राम को, वही परम अभिराम।।

रावण का पुतला लिए, करे दहन सब लोग।
पाप - द्वेष सबके हृदय, पर रावण बदनाम।।

कितने रावण हैं यहाँ, छुपे हुए अब शेष।
करते अत्याचार सब, नित्य सबेरे शाम।।

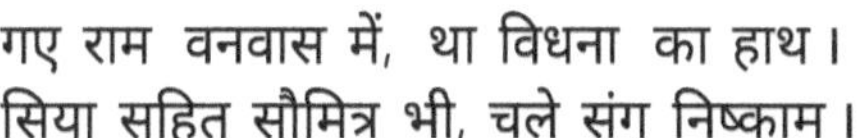

गए राम वनवास में, था विधना का हाथ।
सिया सहित सौमित्र भी, चले संग निष्काम।।

जन जीवन सुख के लिए, किया राम ने त्याग।
खर-दूषण को मार कर, दिया अभय जन आम।।

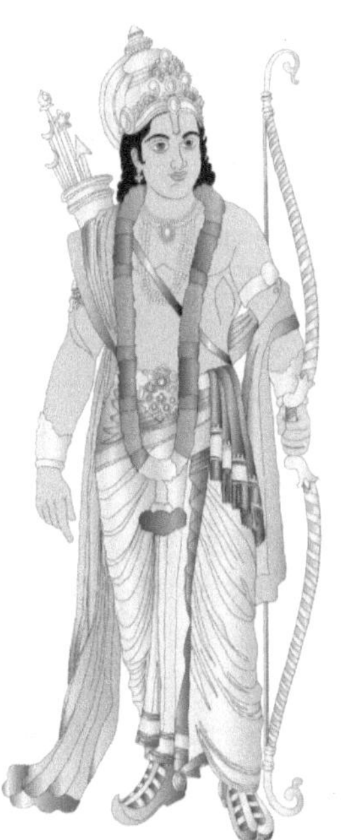

वैदेही का कर हरण, करे दशानन गर्व।
होकर अंधा दर्प में, भूल गया परिणाम।।

पवन - पुत्र हनुमान अरु, अंगद वानरराज।
वानर सेना राम की, लगती आज ललाम।।

सेना रावण की सजी, चले तीर पर तीर।
अपने कर कोदंड को, लिया राम ने थाम।।

जब - जब रोता धर्म है, बढ़ते अत्याचार।
आते 'निर्झर' राम तब, जग में आठों याम।।

भीमराव अम्बेडकर

भाष्कर बुड़ाकोटी 'निर्झर'
(पता :- पौड़ी गढ़वाल,
उत्तराखण्ड)

जिसने भारत को दिया, संविधान अभिराम।
उस नायक का विश्व में, भीम राव है नाम ।।

समता मूलक भाव नित, था जिसका आधार।
करूँ नमन उसको सदा, जग में आठों याम ।।

लोकतंत्र गणतंत्र का, जिसने रचा विधान।
कर्मशील उस वीर को, करता सतत प्रणाम ।।

बचपन से ही था हृदय, देशभक्ति का भाव।
शिक्षाविद होकर किया, नित हितकारी काम ।।

बचपन बीता कष्ट में, था निर्धन परिवार।
छुआछूत की मार से, हुए सतत वे वाम ।।

दिया देश को भीम ने, समता मूल समाज।
समता - ममता भाव ही, था उनका आयाम ।।

भारत का कानूनविद, पहला उनको जान।
शोषित-दलितों के लिए, किया काम अविराम ।।

संविधान में दे गए, न्याय मनुज को भीम।
दर्शन अब अंबेडकर, लगता परम ललाम ।।

'निर्झर' अब है देश में, सामाजिक सद्भाव।
भीम राव का था यही, जन-जन को पैगाम ।।

मजदूर

भाष्कर बुड़ाकोटी 'निर्झर'
(पता :- पौड़ी गढ़वाल,
उत्तराखण्ड)

रोजी रोटी के लिए, भटक रहे मजदूर।
चले दूर परदेश में, होकर कुछ मजबूर।।

खोज रहे हैं काम को, गली-गली में आज।
मिले निराशा जब कभी, करे उसे मंजूर।।

काम न मिलता जब उन्हें, होते सब मायूस।
बैठ बीच चौराह में, दिखे नहीं मसरूर।।

भूखे प्यासे रात-दिन, चले सुबह से शाम।
हुए नियति के सामने, दुखी आज भरपूर।।

लिए अँगोछा काँध में, पोंछ रहे प्रस्वेद।
बढ़े ताप अब जेष्ठ का, लगते थककर चूर।।

छोटा-मोटा जो उन्हें, मिले काम अविराम।
करें समर्पण भाव से, उसे समझ दस्तूर।।

चंद रुपैयों के लिए, करते दिनभर काम।
चूल्हा जब उनका जले, खुद पर करे गरूर।।

रहे प्रेम मन में सदा, करे नहीं तकरार।
करके मेहनत रात - दिन, हो जाते मशहूर।।

लिए खुशी 'निर्झर' श्रमिक, आते जब वे लौट।
खाते सुख से रोटियाँ, लगे नहीं मखमूर।।

आशुतोष भगवान

भाष्कर बुड़ाकोटी 'निर्झर'
(पता :- पौड़ी गढ़वाल, उत्तराखण्ड)

दया करो हम दीन पर, आशुतोष भगवान।
कर निर्धनता दूर नित, बना हमें धनवान।।

सजे शिवालय आज सब, करते पूजन लोग।
मिले हमें दो रोटियाँ, दे शिव ये वरदान।।

कांवड़ लेकर आ रहे, सावन में शिव-भक्त।
ले गंगा-जल साथ में, चलते सीने तान।।

सावन के इस मास में, बरस रहे हैं मेघ।
चढ़ा रहे जल को सभी, कर शिव का गुणगान।।

दो हम को भोले सदा, जग में पावन शक्ति।
त्याग सकें हम झूठ-छल, राग-द्वेष-अभिमान।।

मेघ गरजते रात-दिन, खूब मचाते शोर।
बरस-बरसकर वे सदा, करते शिव का ध्यान।।

हे त्रिपुरारी रुद्र अब, करो हृदय में वास।
तू ही है संसार में, पावन पूज्य महान।।

जग में भोले बोलते, शिव की जय-जयकार।
प्रेम-अहिंसा भाव को, लेते मन में ठान।।

बना बिछौना खाल की, देह लगाते राख।
उनको 'निर्झर' पूजते, यक्ष-भूत-इंसान।।

हिन्दी

भाष्कर बुड़ाकोटी 'निर्झर'
(पता :- पौड़ी गढ़वाल, उत्तराखण्ड)

हिन्दी तेरे वस्त्र पर, नहीं लगेगा दाग।
करते हैं तुम से सभी, लोग सतत अनुराग ।।

दुनिया दिखती बावरी, लगते पागल लोग।
निज भाषा से दूर अब, जाते क्यों सब भाग ।।

हिंदी चाहे हो सरल, चाहे हो बलवान।
अंग्रेजी के दौर में, कौन सुनाए फाग ।।

हिन्दी भारत देश में, लगे उपेक्षित आज।
भावों में अब लग रही, अंग्रेजी की आग ।।

हिंदी के दिन ही करें, हिन्दी में वे बात।
कहते रटकर शब्द कुछ, देते फिर वे त्याग ।।

अपने ही घर हो गई, हिन्दी अब अनजान।
डसते उसको रात - दिन, अंग्रेजी के नाग ।।

हिन्दी भाषा का नहीं, दिखे जगत में मोल।
पुत्र पढ़ाते आंग्ल सब, क्या कोयल क्या काग ।।

हिन्दी हिन्दुस्तान की, है मर्यादा मित्र!
होगा विकसित राष्ट्र तब, जाओगे जब जाग ।।

'निर्झर' हिन्दी का सदा, रखो निरंतर मान।
हिन्दी है संसार में, जलता एक चिराग ।।

ये मौसम है बहारों का

विजय पाल
(पता :- पिंजौर, हरियाणा)

नव पल्लवों के अंबारों का,
पेड़ों पर भी नव बौरों का।
रंग-बिरंगे फूल हैं खिलते,
राजा है मौसम सारों का,
ये मौसम है बहारों का।

जाती हुई ठंडी ठारों का,
इठलाती मस्त बयारों का,
गीत गा रही कोयल भी यूं,
ज्यों उत्सव हो विहारों का,
ये मौसम है बहारों का।

ताजा उगती हुई न्यारों का,
उसको चरती हुई डारों का,
उड़ते पंछी, हिरण फुदकते,
हरियाली भरी क्यारों का,
ये मौसम है बहारों का।

दायरा

रेखा
(पता :- पिंजौर, हरियाणा)

जिंदगी एक दायरा है
जो बांधे रखती है उसूलों से,
चाहे भी तो बदल नहीं सकती जिंदगी,
दिल, दिमाग, मन तीनों,
थक जाते हैं सोचते-सोचते,
पर वो मिल नहीं सकते हैं।
दिमाग समझ सकता नहीं कभी,
दिल की कोमलता को।
कुछ विचार उड़ सकते हैं खुले,
कुछ मजबूर हो जाते हैं,
दब-दबकर मर जाने के लिए।
ये दायरा कुछ लोग खुशी-खुशी,
तो कुछ लोग सूझ-बूझ से,
तो कुछ लोग कबूलते हैं,
अपने आप से समझौता करके।

गरीबी

आशुतोष मिश्र
(पता :- अमरीचक,
देवरिया, उ.प्र.)

आज हमने बहुत सारे रावण को जलते देखा।
काम, क्रोध, मद, लोभ को मरते देखा।।

राम-सिया संग लक्ष्मण हनुमान को देखा।
हर नुक्कड़ चौराहे पे करवट लेते एक शाम को देखा।।

था बड़ा उत्साहित मन से, सहसा एक हैवान को देखा।
लिल्ह रहा था बचपन उसका ऐसा एक शैतान को देखा।।

आज हमने बहुत सारे रावण को जलते देखा।

था बड़ा ही लाचार वो बचपन, जिसमे गरीबी के त्रास को देखा।
जूझ रहा था मन के भावों से, ऐसे एक संसार को देखा।।

जिम्मेदारी के दरिया मे गोते खाते, हर ख्वाहिस को मरते देखा।
चिर रहित बदन था उसका, फिर भी उसको हस्ते देखा।।

लेलो एक खिलौना मेरा, सबसे ऐसा कहते देखा।
पकवानों के ढेर में उसको, महक से अपने पेट को भरते देखा।।

झूला झूल रहे थे कुछ बचपन, शून्य आँख से आशमान को तकते देखा।
बोझ बना था जीवन उसका, ऐसा मन को कोधते देखा।।

आज हमने बहुत सारे रावण को जलते देखा।
काम, क्रोध, मद, लोभ को मरते देखा।।

सवाल

जलेश्वरी गेंदले
(पता :- पथरिया, छत्तीसगढ़)

ज़िंदगी में आए सवाल पूछे,
सपने सजाने ख्याल ढूँढे,
डगर काँटों से भरी,
चलूँ की रुक जाऊँ,
चुभते पैरों से लहू लुहान पूछे।

खामोशी की सब्र तोड़,
शोर मचाए अंतर्मन,
गैरों में अपने या अपनों में गैर,
निशान तक नहीं कि,
हाले दिल दुख-सुख मिजाज पूछे।

भावुक भी न बन ,
परवाह नहीं, जिसके लिए,
नीर दिन रात बहे,
रुक जाऊँ कि चलूँ,
बेचैन धड़कन खुद से,
कई - कई बार पूछे।

बेटा-बेटी एक समान

जगत पाल
(पता :- मनीमाजरा, चण्डीगढ़)

बजाई जाती है थाली !
बेटे के जन्म पर ,
मचाया जाता है शोर,
घर से बाहर निकल कर ।
थाली का बजना संदेश है ,
बेटा पैदा होने का ।
पैदा करने वाली माँ के,
गौरवान्वित होने का ।
नहीं बजती थाली,
बेटी के जन्म पर ?
पसर जाता है सन्नाटा घर पर ,
अफसोस जताया जाता है ।
लक्ष्मी कहकर ,
मन को बहलाया जाता है ।।
जन्म देने वाली माँ को
बेटा-बेटी मे फर्क का,
एहसास कराया जाता है ।
तेजी से बदल रहा है समाज ,
बदल नही रहें तो बस ,
समाज के दोहरे मापदंड ।
जो लगाते है प्रश्नचिह्न ?
इस बात पर कि !
लड़का-लड़की एक समान
मेरा भारत महान.........।।

आईने के उस पार

सरदार मनविंदर सिंह
(पता :- यमुनानगर, हरियाणा)

कई चेहरे नज़र आते हैं ।
आईने के उस पार ।।

कुछ अपने कुछ पराए हैं।
आईने के उसे पार ।।

हर चेहरे पर नकाब है ।
हर जुबां पर है फरेब ।।

सच भी नज़र आता है ।
आईने के उस पार ।।

पूछा जो उसने कौन है।
जो तेरे दिल में रहता है ।।

मैंने कहा तू देख ले।
आईने के उस पार।।

ऐतबार इतना तो कर ।
ना कह मुझको बेवफा।।

चेहरा जो मेरा इधर है ।
वही है आईने के उस पार ।।

सपना

उषा टिबड़ेवाल
(पता :- चेन्नई, तमिल नाडु)

सपनो में जब भी आते वो लम्हे की याद,
सपनो में ही सही कर उनसे,
कई सवाल खुद से जोड़ लेती हूँ।
खुद के प्रश्न कर खुद ही उत्तर दे देती हूँ।
भोर होते जिंदगी में एक नया पन्ना,
हकीकत का और जोड़ देती हूँ।
दिन में वह लम्हे याद कर अक्स बहते,
धुंधला सा चेहरा उनका आईना में देखती हूँ।
आँखों का दोष न समझ,आईना को बदल देती हूँ।
सपने में कुछ मीठा एहसास, आरजू कुछ आशा,
इस दिल में फिर से कर बैठती हैं।
नादान दिल को समझा मन ही मन मुस्कुरा लेती हूँ।
तेरे मेरे वो लम्हे याद कर खुद ब खुद में जी कर,
और कुछ यादें मिटा देती हूँ।
और ज़िंदगी के कुछ नए सपनो लिख देती हूँ,
हक़ीकत जिंदगी के एक नया पन्ना,
और जोड़ आगे बढ़ जाती हूँ।।

हुकूमत

उषा टिबड़ेवाल
(पता :- चेन्नई, तमिल नाडु)

तेरी हुकूमत चलती रही मुझे कुछ पता नहीं,
बेफिक्र बेखबर दिल में तुम बस गए,
मेरे कब हुए कुछ पता नहीं।
तेरा प्यार बादल बन करने लगा प्यार की बारिश,
मेरे जीवन में कब, कैसे, कुछ पता नहीं।
तेरी याद में रात भर जगती हूँ,
तुझे महसूस कर खुद से लिपट कर सोती हूँ,
आँखो में नींद का ठिकाना नहीं,
बस आँखों से अश्क, प्यार की नदी बन बहती हैं।
फिर भी प्यासा रह जाता यह दिल,
कैसी है यह प्यास कुछ पता नहीं।
सोचूँ! मेरे सूने दिल की राह की क्या तू ही है मंजिल,
पर इस तक़दीर को, कुछ पता नहीं।।
दिल बस यह जानता तुम ही मेरे दिल में समा,
मुझ पर हुकूमत करते है।
क्या तुम ही होगे मेरी तक़दीर के बादशाह,
पर इस दिल को कुछ पता नहीं।।

कैसे कह दूँ प्यार है तुझसे

उषा टिबड़ेवाल
(पता :- चेन्नई,
तमिल नाडु)

महसूस करू सर्द सुबह में धुंध से लिपटी तेरी बाहें,
फिजाओं-सा अर्ध रातों में शर्म से सिमटी,
अदाओं-सा मेरा प्यार, पर दिल कहे,
कैसे कह दूँ, हाँ! प्यार है तुझसे।
राधा का अधुरा-सा प्यार, पर मीरा-सी प्रेम दीवानी,
गंगा-सा निर्मल पानी, पूरी गीता सार-सा मेरा प्यार,
पर कैसे कहू, हाँ! प्यार है तुमसे।
हीर की रान्झे-सा प्यार,
मजनू के हर घाव दर्द में लैला का प्यार दवा सा,
देखो! करो महसूस कितना सच्चा, पवित्रतम है ये प्यार,
पर मैं कैसे कहूँ, हाँ! प्यार है तुझसे।
बस दिल यह मानता, तू मुझमें, हम तुझमें,
दो दिल एक जान हो, एक-दूसरे में समा जाए,
तो चलो आज मैं कही देती,
हाँ! तू ही मेरा प्यार, जीवन का सार,
हाँ! सिर्फ तुझसे है प्यार, तुझसे ही प्यार।।

महक शब्दों की

उषा टिबड़ेवाल
(पता :- चेन्नई, तमिल नाडु)

महके शब्द मेरे जीवन कविता में,
तो फूलों की महक से ज्यादा,
जीवन की किताब में मेरे शब्द।
महक गहरा होना अच्छा लगता है,
अनगिनत शब्दों से भरे पन्ने,
जैसे आँगन में फूल बिखरे-सी हो कविता,
शब्दों का दिल बगिया में खिलकर महक रहे,
अच्छा लगता है।
दूर चाँद चितचोर लगे प्यारा,
जैसे दूर हो तुम, पर तेरे प्यार भरे शब्दों का,
पन्नों पर संदेशा का मिलना पढ कर,
अच्छा लगता है।
बारिश में भीनी-भीनी मिट्टी की खुशबू,
धरती माँ की बाहों में लिपटी सिमटी-सी,
बैसे तेरे प्यार में भीनी भीगे शब्द,
खुद-ब-खुद में महक,
एक हो आलिंगन हो जाना,
अच्छा लगता है।
अपने प्यार के फूलों की खुशबू जीवन में महकते रहे,
तेरी मेरी साँसे एक हो,
हम बीच महकती उन पल की साँसो का,
अच्छा लगता है।

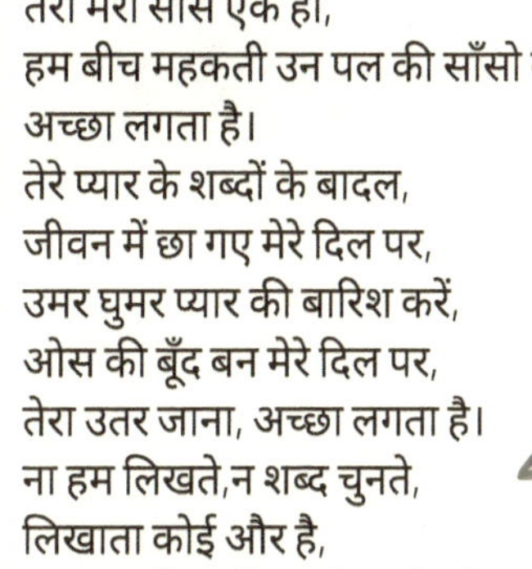

तेरे प्यार के शब्दों के बादल,
जीवन में छा गए मेरे दिल पर,
उमर घुमर प्यार की बारिश करें,
ओस की बूँद बन मेरे दिल पर,
तेरा उतर जाना, अच्छा लगता है।
ना हम लिखते,न शब्द चुनते,
लिखाता कोई और है,
जब मन में शब्दों का होता शोर है,
उन शब्दों से रोज आते सूरज-सा कविता बन,
किरणों-सा पन्नो पर बिखर जाना, अच्छा लगता है।।

तस्वीर

उषा टिबड़ेवाल
(पता :- चेन्नई, तमिल नाडु)

जिंदगी कहे, मुझ से,
तेरे प्यार ने दिया तुझे दगा, तो क्या हुआ?
मैं हूँ न, ये गम की तस्वीर हटा,
अपने नए सपनों को फिर से जगा,
खुशियों से फिर रंगो से मैं भर दूँगी,
तेरी वो खिलखिलाती तस्वीर जैसी तुझे कर दूगी,
तेरे आँसू की हर एक एक बिखरे मोती को,
खुशियों की फूल माला बना,
ख़ुशबू तुझमें फैला, महका दूँगी,
पहले से ज्यादा हँसती खिलखिलाती तेरी तस्वीर होगी।
तू क्या सोचे?
कलम उठाऊँ, लिखूँ, दिल की बात,
क्यों उसने दगा किया,
आशु या खून से लिखना चाहे,
पर लहू सूख चुका है उसकी बेवफाई में,
जैसे धूप के ताप में पत्ते सुर्ख हो,
आशु बिखर चुके जैसे पाव से घूंगरू टूट हुए,
ए! मेरे दिल नादान, फिक्र न कर,
तेरे हर गम लेकर, बेशुमार खुशी दूँगी,
तेरे हर आँसू को मोती बना दूँगी,
प्यार और विश्वास से मरहम कर,
डुबा दर्द दिल को नए सूरज की किरने दे जगा दूँगी,
बस तू एक बार हाँ तो कर,
क्या तुम्हें यह मंजूर है,
जब जहाँ तुझे लेकर मैं चलु,
उसके साथ-साथ पीछे पिछे चले तु,
जिंदगी ने पहले से ज्यादा बेहतरीन जीना सिखा दिया
एक हँसती ज़िन्दगी ने टूटी रोती तस्वीर को,
फिर से अपने से जोड़ हँसना सिखा देती है।

कभी रुके न ये दिन

उषा टिबड़ेवाल
(पता :- चेन्नई, तमिल नाडु)

कभी रुके न ये दिन,
इधर से आए उधर गए दिन,
इधर बिती रात, उधर आया दिन,
सूखे पत्तों से बिखर जाते है यह दिन,
हर बिताए पल,
हर डगर पर याद दिलाते हैं यह दिन,
कहीं किसी के बात कही,
तो किसी के साथ की रात,
दिल दरिया में गोते खिलाते हैं ये दिन,
अपनी ही धुन में गुनगुनाते निकल जाते हैं ये दिन,
न किसी की बातों का ज़िक्र, न कोई फिक्र,
मस्ताने हो खट्टी मीठी याद दिलाते हैं ये दिन,
इस दिन में जब भी तुम्हारा साथ पाया,
तब ख़ुशी के साथ थे ये दिन,
जीवन में ओर निखर गए थे ये दिन,
क्या जाने कब अंधियारी रात आई,
जाने को आतुर हो गए ये दिन,
इन अंधेरी अंधियारों के नगर में कहाँ खो गए ये दिन,
जाने क्या छूट गया, कब कहाँ ले गए ये दिन,
किधर से आते हैं और कहाँ चले जाते हैं ये दिन,
पर तू न साथ हो तो दिन क्या,
रात में भी न जिया जाय तेरे बिन।।

मेरा पापा

उषा टिबड़ेवाल
(पता :- चेन्नई, तमिल नाडु)

मेरे पापा मेरे लिए हर रिश्तों का विश्वास,
दुःख हो या सुख, हमेशा वह होते साथ।
मुझे मिला इतना दुलार, कहते मुझे,
तुझ में भी तेरी माँ जैसा एक छाया-सा आधार।
माँ जैसा हौसला दे, मेरे जीवन में भरे एक उड़ान,
कहते रहते, मेरी प्यारी लाडो,
तू मेरी जिंदगी की शान, आन।
लाडो कहती, अनजान दुनिया से,
पापा आपने करवाई अच्छी बुरी की पहचान,
आप ही मेरी दुनिया की ख़ुशी की शुरुआत,
समझाते, बताते हो कौन कहाँ हैवान और इंसान है।
मन कहता आप मेरे भगवान,
शुक्रिया ईश्वर का,
आपकी बेटी बनने का पाया वरदान।
खुद से ज्यादा फिक्र करे मेरी आज,
हर रिश्तो में मेरा पहला जिक्र करें,
पापा में एक सच्चे मित्र की है शान,
जो भी हो, रिश्ता हर रूप में,
जो निभाता वो है मेरे पापा,
कृपा रहे उस ईश्वर का,
जो हर रिश्तों को, बाप-बेटी का,
हर फर्ज निभाना सिखाया,
हमेशा साथ देना, अच्छे संस्कार दे जीवन में,
मन से अपना और सारे फर्ज निभाना बताया।।

चाँद की चाँदनी

उषा टिबड़ेवाल
(पता :- चेन्नई,
तमिल नाडु)

मैं तुम्हारा चाँद, तू मेरी चाँदनी,
बेशुमार प्यार करने को, मेरी जिंदगी में आ जाओ,
पर ध्यान रखना दुनिया के आगे,
हम अजनबी बन रहे,
जैसे चाँद पर चाँदनी का पहरा हुआ,
प्रकारांतर मेरे प्यार की बहार बन,
मेरी ज़िन्दगी में छा ढहरा हुआ।
बस ध्यान रहे दुनिया के आगे हम अजनबी बन रहे,
जैसे चीनी-पानी घुल एक हो पानी में मिठास करे,
वैसे तुम मेरे प्यार में घुल चाशनी बन प्यार रहे ,
बस ध्यान रहे दुनिया के आगे हम अजनबी रहे।
तू साथ है, मेरा मन कभी उदास न हो,
कोई ओर प्यास भी न हो,
जैसे शरीर अन्धकार में अपनी छाया को अपने में समेटे,
वैसे तुम मुझ अपने में सिमट लेना,
बस ध्यान रखना दुनिया के आगे हम अजनबी रहे...
खुला आसमान में सितारों के बीच,
चाँद की चाँदनी अपने बांहो में सिमटी,
रात क़यामत में ढाई रही,
उस आसमान के नीचे बेखबर हम, प्यार की दुनिया में रहे,
पर ध्यान रखना दुनिया के आगे हम अजनबी रहे,
कारण किसी की नजर न लगे,
बस हम बेशुमार प्यार करे।।

चाय और बिस्किट

उषा टिबड़ेवाल
(पता :- चेन्नई, तमिल नाडु)

चाय और बिस्किट का रिश्ता,
लैला-मजनू-सा लगता है,
एक हो, ओर दूसरे का साथ न तो,
अधूरा-अधूरा-सा लगता है।
बिस्कुट कहे चाय से,
मैं जब तुझ में डूबती हूँ,
तो भीगी-भीगी-सी तेरी गर्माहट में,
मैं शर्माई-सी तेरी बाहों में टूट जाती हूँ।
कोई-कोई मुझे तुझ में डूबाता है,
पर तेरे लिए तो पूरा देश हो या विदेश,
तुझे पीने की तृष्णा में डूबा हुआ है।
हाँ! किसी से प्यार करो तो,
मेरे जैसे तुझ में डूब कर चाहे,
तो बात ही अलग हो,
चाय के रंग जैसे कुछ,
इस तरह अपने प्यार में रंग लाओ,
चाय में अदरक, इलायची हो जैसे,
अपने प्यार को खुशबूदार कर ज़िन्दगी में फैलाए।।

ज़िंदगी का सफर

ज़िंदगी का सफर में तू अकेला मुसाफिर बन चल,
अपने कोई नहीं होते सब को बेगाना समझ चल,
कुछ देर साथ चलेंगे, सब बीच राह में छोड़ जाएँगे।
अकेले ही ज़िंदगी के सफर में खुद की मंजिल मिलती,
ज़िंदगी के सफर में संघर्ष की चक्की चलती रहती,
मेहनत का आटा पीसा तो सुकून की दो रोटी मिलती,
जो जैसी मेहनत करते वैसे सफलता की कामयाबी मिलती,
तब ज़िंदगी खुद चाँद बन,
एक नहीं हजारों लाखों सितारों में चमकती,
अगर हो आँखों में सपने, दिल में अरमान,
अपने हौसले ले चले,
तो ज़िंदगी तेजस्वी सूरज-सी बनती,
पल-पल बीती जाती है ज़िंदगी,
रेत-सी फिसल जाती है ज़िंदगी,
कल बचपन था, आज जवानी, कल बुढ़ापा आना है,
पर क्या भरोसा जिंदगी के सफर का?
किसी पल हो खत्म कहानी।
अपने होंठो पर मुस्कुराहट रख,
क्योंकि तेरी मुस्कुराहट के पीछे दुनिया तेरे साथ चलती,
ओर तभी तेरे जिंदगी की राह में,
तेरे बाद लोग तेरी,
सुनहरी मिठ्ठी याद में सुंदर कहानी लिखती।।

उषा टिबड़ेवाल
(पता :- चेन्नई,
तमिल नाडु)

शायद

कुलदीप संधू
(पता :- मोरनी हिल्स, हरियाणा)

शायद
ऐसा आपको लगता है
मैं तुम्हारा नहीं हूँ ।

विश्वास करो,
मैं अपने आप
ऐसा नहीं हुआ।

कभी खुद को खुश किया,
नहीं रख सका।
हमेशा दूसरे का दर्द,
मैं रोया।

वह खुद का मारती रही
मन,
दूसरों के लिए,
कभी भी अपने लिए खड़े न हों ।

माफ़ी मांगी,
बिना किसी त्रुटि के
मेरे साथ ,
किसी ने न्याय नहीं किया ।

दूसरों को अपना बनाओ,
के पाठ्यक्रम में,
आप अपने हैं
मत बनो ।

बूढ़ा बचपन

डॉ० रंजना गुप्ता
(पता :- पलवल, हरियाणा)

मेरा बूढ़ा बचपन
गीत गाता है,
मुस्कुराता है,
खेल-खेल कर फिर से
मस्त जीवन बिताता है।
बेटा मेरा, मेरी माँ बन गया है,
कभी पिता, तो कभी भाई
की भूमिका निभाता है।
जीवन सहचर मीत मेरा,
डगमग पाँवों का बना सहारा है।
प्रभु धन्य हो तुम!
जीवन में जो कुछ पाया
सब कुछ प्रसाद तुम्हारा है।

मेरी चाहत

डॉ० रंजना गुप्ता
(पता :- पलवल, हरियाणा)

मैं इतिहास में याद रखी जाऊँ,
मैं सम्मानों की भीड़ में नजर आऊँ,
ऐसी तो मेरी चाह नहीं।
आसपास कुछ बेहतर कर पाऊँ,
गिरते हुए को सहारा दे पाऊँ,
रोते हुए को हँसा पाऊँ,
भूखे को भोजन दे पाऊँ,
कन्या को देवी कह पाऊँ,
बालक को ईश्वर समझ पाऊँ,
बुजुर्गों का मान रख पाऊँ,
बस , इतनी सी ही चाहत है।

मौसम है बहारों का

अभिनव शिवम
(पता :- पलवल, हरियाणा)

चाँद आसमान से उतर कर
बैठा है मेरे आँगन में,
जुल्फों की बदली आसपास इठलाई है।
उजास उसका अमृत-सा,
पीकर नैनों में ठंडक आई है।
चाँदनी रह-रह कर मुस्कुराई है।
तिनका-तिनका खुशगवार है,
चप्पा-चप्पा महकी अमराई है।
अंधेरों से नाता क्यों रखूँ,
मेरी दुनिया में छाई जुन्हाई है।
कहने को मौसम है सर्दी का,
मेरे घर में तो बहार आई है।

मूर्तिकार

अभिनव शिवम
(पता :- पलवल, हरियाणा)

चाहे उजाला हो, चाहे अंधेरा हो आकाश,
सदा रहेगा उसके प्यार का प्रकाश ।
चाहे तुम पहुँच न पाओ उसके द्वार ,
फिर भी नजर रहेगी उसकी तुम पर ।
चाहे कोई नाम भी न ले उसका,
पर वह सदा मिलेगा उसके पास ,
मन है जिस इंसान का साफ ।
वह गजब का मूर्तिकार,
डाल देता है माटी की मूरतों में,
प्राणों का प्रकाश।

कोई ग़म नहीं

अभिनव शिवम
(पता :- पलवल, हरियाणा)

तुमको आलस आ जाता है,
हमको लालच आ जाता है।
रोज-रोज पिज़्ज़ा ऐसे ही आ जाता है।
किसी को डोसा भाता है,
किसी को समोसा भाता है।
कोई पिज़्ज़ा छोड़ नहीं पाता है।
अब हैं अकेले, तो भी कोई ग़म नहीं,
ऑर्डर कीजिए, चीजें हैं कम नहीं।
डोमिनोस सबका दोस्त बन गया,
जोमैटो बन गया यार,
हो गया अब तो, स्विग्गी से भी प्यार।

दहेज

कामिनी
(पता :- मोरनी हिल्स, हरियाणा)

लोगों ने एक प्रथा चलाई ,
जिससे लडकियाँ हुई पराई।
दहेज में दे देते सारी कमाई ,
सालों न होती जिसकी भरपाई ।

दिनभर उससे काम करवाए ,
थोड़ा-सा भी तरस ना खाए ।
सब कुछ सहकर भी अपनापन ,
फिर भी खुश होने का नाटक दिखाए ।

थक जाए जब आँसू छुपाकर ,
खुदकुशी करने का सोचती है हारकर ।
फिर सोचती है कैसे ,
जियेंगे उसके माँ-बाप मर-मर के ।

ससुराल वालों से वो मार भी खाए ,
फिर भी उनसे अपनापन जताए।
मायके वालों से सब कुछ छुपाए ,
दहेज न मिलने पर फिर उसे जलाए ।

मशरूफ हूँ

मीना सूरी
(पता :- पंचकूला, हरियाणा)

मसरूफ हूँ कुछ इस कद्र
कि एक भी लम्हा जैसे खाली नहीं जाता ,
असलियत में फानुस-सी लगती है जिंदगी ,
हूँ एक अनजाने सफ़र पर ,
पर असली मंजिल का मुझे अनुमान नहीं आता।
रूह को जो सुकुन दे दे सदियों का ,
इंतज़ार है उस करार का ,
पतझड़ में भी जो फूलों को महका दे,
ऐसे एक बहार का ,
चंद लम्हें खुद के साथ बीता लूँ,
इंतजार है उस सुकून का,
खुदा को खुद में ही खोज पाऊँ,
ऐसे एक जुनून का ,
निश्चित है सफ़र का अंत तो एक दिन ,
पर मंजिल से अभी भी दूर हूँ,
ठहर भी जाओ सुकुन के लम्हों,
बैठेंगे कभी आराम से,
अभी रोज़ की ज़िम्मेदारी में मशगूल हूँ।।

शरद का मौसम

आचार्या नीरू शर्मा
(पता :- कांगड़ा,
हिमाचल प्रदेश)

देखो! आया...
हौले-हौले
शरद का मौसम
मीठा-मीठा,
पवन भी हुई मतवाली
लाई संग
महक़ी-महक़ी ठिठुरन,
आसमां पर
आया चंदा लेकर शीतल किरणें
मध्यम-मध्यम,
रजनी वेला
कल-कल करती नदिया चले
कुछ यूँ
ज्यों नवोढ़ा रखे पाँव धरा पर...
पर
बोल उठे उसकी पायल
छम-छम-छम...।।

मुट्ठी भर रेत

आचार्या नीरू शर्मा
(पता :- कांगड़ा,
हिमाचल प्रदेश)

क्षणभंगुर-सा है यह जो समय
न व्यर्थ इसे गँवाओ तुम,
देख रहे हो जो सपने
उनको पूरा करने की ख़ातिर,
मेहनत और दृढ़संकल्प लिए
आगे कदम बढ़ाओ तुम।
मुट्ठी भरी यह रेत यूँ ही
मुट्ठी से फिसलती जाती है,
लेकिन हमें समय की महत्ता
समझाती जाती है।
नहीं मिलेगा यह समय फिर
न बैठो थके-हारे...निराशा से भरे तुम।
असफल भी 'ग़र जो हो जाओ तो
नहीं है वह व्यर्थ कभी भी
क्योंकि उससे भी तुमने
अनुभव नया ही पाया है।
उठो, धरा के श्रेष्ठ जनों!
लेकर नए अनुभव और सीख,
बढ़ चलो...चलते चलो...
मंज़िल की ओर
नया कीर्तिमान गढ़ने तुम।

गीतोपदेश

छिड़ने वाला था युद्ध भयंकर, थी शत्रु सेना सामने।
मोहभंग कर बैठा अर्जुन, लगा गहरा शोक जताने।
नाना जतन किये कर्त्ता ने, लगे स्वयं कौन्तेय को समझाने ।
मुंह लटकाए बैठा था जो , फिर लगे उसे जगाने।
गीता का यूं उपदेश दिया फिर , कुरुक्षेत्र के मैदान में।।

कुमार सतीश
(पता :- हिसार,
हरियाणा)

शत्रु सम्मुख है खड़ा,देख ना सखा-संबंध।
रण-विमुख होगा यदि, इतिहास लिखेगा कायरता।
कर्तव्य-पथ ही भूला तो,कैसी धर्म-परायणता ?
उठा गांडीव युद्ध कर,युद्ध ही कर्म-श्रेष्ठ।
कर्म-फल का डर कैसा, युद्ध ही तेरी भवितव्यता ।।

कर्त्ता कर्म के मर्म का, ना होता पूर्व ज्ञान !
क्या तेरा क्या मेरा में,क्यों उलझा इंसान ?
भूत पर विलाप क्यों, वर्तमान का अहंकार कैसा ?
कर्म केवल कर्तव्य तेरा, ना भविष्य पर अधिकार तेरा।
आत्मा अजर-अमर है, फिर किस पर है वश तेरा ?

जय-पराजय का मोह त्याग, कर्तव्य करो निष्काम।
राग-द्वेष-आसक्ति छोड़,कर्म-श्रेष्ठ प्रधान।
बचा न सके आबरू सब,बैठे सभा में धुरंधर मौन।
कौरव-सभा में घटित हुआ, अग्निसुता का घोर अपमान।
मत भूलो चीर-हरण , है समस्या जगत प्रधान।।

दुख की अग्नि सुख की वर्षा, क्यों इतनी चिंता करता ?
सद्पुरुष का कर्म स्थिर, जग का नाता रूप विधाता।
युद्ध-कर्म ही कर्मयोग है,मैं स्वयं तुम्हें जो सिखलाता।
योग-कर्म का कौशल सीख,क्यों चिंता में डूबा जाता ?
कर संधान लक्ष्य पर, कर्म-जन्म का है नाता।।

शोक-मोह-काम-वासना,घोर शत्रु सब जीवन के।
कर्तव्य-पथ से विचलित करते, और ज्ञान को नष्ट सदा।
स्वयं से नाता तोड़ना होगा, कर्म श्रेष्ठ करना होगा।
जीवन-यज्ञ में आहुति देकर, जग से नाता जोड़ना होगा।।

आरंभ मैं अंत भी मैं, सब प्राणियों में चेतना मैं।
उत्पत्ति का बीज मैं, सब वाणियों का ओंकार मैं।
चारों योगों का स्वामी मैं, और त्रिलोक का ज्ञानी मैं।
कौन जियेगा कौन मरेगा, व्यर्थ चिंता त्याग तू।
कर संतुलित इन्द्रियों को,मुझमें तू और तुझमें मैं।।

वही पुराने यार मिले

चन्दन केशरी
(पता :- झाझा, जमुई, बिहार)

इच्छा मेरी है नहीं कि, मुझको ये संसार मिले।
इच्छा मेरी है कि फिर से, वही पुराने यार मिले।।

साथ जिनके खेलते थे, साथ जिनके मुस्कुराए।
जो बिताए संग उनके, पल वो सारे याद आए।
फिर से खेलूँ संग उनके, चाहे मुझको हार मिले।
इच्छा मेरी है कि फिर से, वही पुराने यार मिले।।

पता ही नहीं चलता था, सुबह से कब शाम बीते।
दूर 'गर नहीं होते वो, जीवन हम भी साथ जीते।
वो मिले 'गर तो मेरे इस, जीवन में बहार मिले।
इच्छा मेरी है कि फिर से, वही पुराने यार मिले।।

मेरे दिल के पास हैं पर, अब तो दूर कमाते हैं।
छुट्टी यूँ नहीं मिलती है, साल भर में आते हैं।
जब उनको छुट्टी मिले तो, मेरे ही वो द्वार मिले।
इच्छा मेरी है कि फिर से, वही पुराने यार मिले।।

थे कल तक साथ मेरे, जाने कब बीता जमाना।
अब तो केवल कंधे पर, जिम्मेदारियाँ है उठाना।
उनके साथ जीने का, मौका फिर एक बार मिले।
इच्छा मेरी है कि फिर से, वही पुराने यार मिले।।

जिस राह को चुने वो, राह उनकी हो आसान।
पाए जग में वो सफलता, छुए वो भी आसमान।
मेरे यारों को भी तो, खुशियाँ अपरम्पार मिले।
इच्छा मेरी है कि फिर से, वही पुराने यार मिले।।

धन्यवाद

www.ingramcontent.com/pod-product-compliance
Lightning Source LLC
La Vergne TN
LVHW041220150826
845673LV00001B/467

* 9 7 9 8 8 9 6 3 2 6 6 2 5 *